"新思想在浙江的萌发与实践"系列教材

编委会

主　　编：任少波

编　　委：(按姓氏笔画排序)

王永昌　　叶　松　　朱　慧　　朱世强

刘　亭　　刘同舫　　刘艳辉　　刘继荣

李小东　　张　彦　　张光新　　张丽娜

胡　坚　　胡　炜　　柏　浩　　夏群科

徐国斌　　郭文刚　　盛世豪　　傅方正

"新思想在浙江的萌发与实践"系列教材

主编 任少波

山海协作

促进区域协调发展的有效载体

Collaboration
Between
Mountains and Oceans

An Effective Carrier to
Promote Regional Coordinated
Development

董雪兵 主编   宋学印 副主编

ZHEJIANG UNIVERSITY PRESS
浙江大学出版社

序

　　浙江是中国革命红船起航地、改革开放先行地、习近平新时代中国特色社会主义思想重要萌发地。习近平同志在浙江工作期间，作出了"八八战略"重大决策部署，先后提出了"绿水青山就是金山银山""腾笼换鸟、凤凰涅槃"等科学论断，作出了平安浙江、法治浙江、数字浙江、文化大省、生态省建设、山海协作及加强党的执政能力建设等重要部署，推动浙江经济社会发展取得前所未有的巨大成就。2020年3月29日至4月1日，习近平总书记到浙江考察，提出浙江要坚持新发展理念，坚持以"八八战略"为统领，干在实处、走在前列、勇立潮头，努力成为新时代全面展示中国特色社会主义制度优越性的重要窗口。2021年6月，中共中央、国务院发布《关于支持浙江高质量发展建设共同富裕示范区的意见》，赋予浙江新的使命和任务。习近平新时代中国特色社会主义思想在浙江的萌发与实践开出了鲜艳的理论之花，结出了丰硕的实践之果，是一部中国特色社会主义理论的鲜活教科书。

　　走进新时代，高校在宣传阐释新思想、培养时代新人方面责无旁贷。浙江大学是一所在海内外具有较大影响力的综合型、研究型、创新型大学，同时也是中组部、教育部确定的首批全国干部教育培训基地。习近平同志曾18次莅临浙江大学指导，对学校改革发展作出了一系列重要指示。我们编写本系列教材，就是要充分发挥浙江"三个地"的政治优势，将新思想在浙江的萌发与实践作为开展干部培训的重要内容，作为介绍浙江努力打造新时代"重要窗口"的案例样本，作为浙江大学办学的重要特色，举全校之力高质量教育培训干部，高水平服务党和国家事业发展。同时，本系列教材也将作为高校思想政治理论课的重要教材，引导师生通过了解浙江改革发展历程，深切感悟新思想的理论穿透力和强大生命力，深入感知国情、省情和民情，让思想政治理论课更加鲜活，让新思想更加入脑入心，打造具有浙江大学特色的高水平干部培训和思想政治教育品牌。

实践是理论之源，理论是行动先导。作为改革开放先行地，浙江坚持"八八战略"，一张蓝图绘到底，全面客观分析世情、国情和省情与浙江动态优势，扬长避短、取长补短走出了符合浙江实际的发展道路；作为乡村振兴探索的先行省份，浙江从"千村示范、万村整治"起步，以"山海协作"工程为重大载体，逐步破除城乡二元结构，有效整合工业化、城市化、农业农村现代化，统筹城乡发展，率先在全国走出一条以城带乡、以工促农、山海协作、城乡一体发展的道路；作为"绿水青山就是金山银山"理念的发源地和率先实践地，浙江省将生态建设摆到重要位置统筹谋划，不断强化环境治理和生态省建设，打造"美丽浙江"，为"绿色浙江"的建设迈向更高水平、更高境界指明了前进方向和战略路径；作为经济转型发展的先进省份，浙江坚持以发展为第一要务，以创新为第一动力，通过"立足浙江发展浙江"，"跳出浙江发展浙江"，在"腾笼换鸟"中"凤凰涅槃"，由资源小省发展成为经济大省、开放大省。

在浙江工作期间，习近平同志怀着强烈的使命担当，提出加强党的建设"巩固八个方面的基础，增强八个方面的本领"的总体战略部署，从干部队伍和人才队伍建设、基层组织和党员队伍建设、党的作风建设与反腐败斗争等方面坚持和完善党的领导，有力推进了浙江党的建设走在前列、发展走在前列。在浙江工作期间，习近平同志以高度的文化自觉，坚定文化自信、致力文化自强，科学提炼了"求真务实、诚信和谐、开放图强"的"浙江精神"，对浙江文化建设作出了总体部署，为浙江文化改革发展指明了前进方向。在浙江工作期间，习近平同志积极推进平安浙江、法治浙江、文化大省建设。作为"平安中国"先行先试的省域样本，浙江被公认为全国最安全、社会公平指数最高的省份之一。在浙江工作期间，习近平同志着力于发展理念与发展实践的有机统一，着力于发展观对发展道路的方向引领，着力于浙江在区域发展中的主旨探索、主体依靠、关系处理及实践经验的总体把握，深刻思考了浙江发展的现实挑战、面临困境、发展目标、依靠动力和基本保障等一系列问题，在省域层面对新发展理念进行了思考与探索。

从"绿水青山就是金山银山"理念到"美丽中国"，从"千万工程"到"乡村振兴"，从"法治浙江"到"法治中国"，从"平安浙江"到"平安中国"，从"文化大省"到"文化强国"，从"数字浙江"到"数字中国"，从对内对外开放到双循环新格局……可以清晰地看到，习近平同志在浙江的重大战略布局、改革发展举措及创新实践经验，体现了新思想萌发与实践的重要历程。

浙江的探索与实践是对新思想鲜活、生动、具体的诠释，对党政干部培训和高校思想政治理论课教学而言，就是要不断推动新思想进学术、进学科、进课程、进培训、进读本，使新思想落地生根、入脑入心。本系列教材由浙江省有关领导干部、专家及浙江大学知名学者执笔，内容涵盖"八八战略"、新发展理念、"绿水青山就是金山银山"理念、乡村振兴、"千万工程"、"山海协作"、县域治理、"腾笼换鸟"、对内对外开放、党的建设、新时代"枫桥经验"、平安浙江、法治浙江、数字浙江、健康浙江、民营经济、精神引领、文化建设、创新强省等重要专题。浙江省以习近平新时代中国特色社会主义思想为指引，全面贯彻党中央各项决策部署，统筹推进"五位一体"总体布局，协调推进"四个全面"战略布局，坚持稳中求进工作总基调，坚持新发展理念，坚持以"八八战略"为统领，一张蓝图绘到底，为社会各界深入了解浙江改革开放和社会主义现代化建设的成功经验提供有益的参考。

本系列教材主要有以下特色：一是思想性。教材以习近平新时代中国特色社会主义思想为指导，通过新思想在浙江的萌发与实践展现党的创新理论的鲜活力量。二是历史性。教材编写涉及的主要时期为 2002 年到 2007 年，并作适当延伸或回顾，集中反映浙江坚持一张蓝图绘到底，在新思想指导下的新实践与取得的新成就。三是现实性。教材充分展现新思想萌发与实践过程中的历史发展、典型案例、现实场景，突出实践指导意义。四是实训性。教材主要面向干部和大学生，强调理论学习与能力提升相结合，使用较多案例及分析，注重示范推广性，配以思考题和拓展阅读，加强训练引导。

"何处潮偏盛？钱塘无与俦。"奔涌向前的时代巨澜正赋予浙江新的期望与使命。起航地、先行地、重要萌发地相互交汇在这片神奇的土地上，浙江为新时代新思想的萌发、形成和发展提供了丰富的实践土壤。全景式、立体式展示浙江的探索实践,科学全面总结浙江的经验,对于学深悟透党的创新理论,用习近平新时代中国特色社会主义思想武装全党、教育人民具有重大意义。让我们不负梦想、不负时代,坚定不移地推进"八八战略"再深化、改革开放再出发,为建设社会主义现代化强国、实现中华民族伟大复兴的中国梦作出更大贡献。

感谢专家王永昌教授、胡坚教授、盛世豪教授、刘亭教授、张彦教授、宋学印特聘研究员对本系列教材的指导和统稿,感谢浙江大学党委宣传部、浙江大学继续教育学院(全国干部教育培训浙江大学基地)、浙江省习近平新时代中国特色社会主义思想研究中心浙江大学基地、浙江大学中国特色社会主义研究中心、浙江大学马克思主义学院、浙江大学出版社对本系列教材的大力支持,感谢各位作者的辛勤付出。由于时间比较仓促,书中难免有不尽完善之处,敬请读者批评指正。

是为序。

"新思想在浙江的萌发与实践"

系列教材编委会

二〇二一年十二月

前　言

随着我国社会主要矛盾从"人民日益增长的物质文化需要同落后的社会生产之间的矛盾"转化为"人民日益增长的美好生活需要和不平衡不充分的发展之间的矛盾",以习近平同志为核心的党中央团结带领全国人民,在历史性解决了绝对贫困问题后,对扎实推动共同富裕作出重大战略部署,并提出要提高发展的平衡性、协调性、包容性。浙江过去探索解决发展不平衡不充分问题取得了明显成效,习近平总书记亲自谋划、亲自定题、亲自部署、亲自推动浙江高质量发展建设共同富裕示范区,旨在为全国推动共同富裕,解决发展不平衡不充分问题,缩小城乡区域发展和收入分配差距提供省域范例。

区域发展差距大是我国长期客观存在的问题,解决不平衡问题要立足于实现地区间的相对平衡,在动态发展中实现平衡发展和充分发展的统一、发展相对平衡和绝对不平衡的统一,以发展促进相对平衡,改变当前地区间发展差距过大的格局,逐步解决发展不平衡不充分问题。协调是发展短板和潜力的统一,协调发展就要找出短板,在短板上多用力,通过补齐短板挖掘发展潜力、增强发展后劲。解决不平衡问题,从长远来看,关键是要加强培育相对落后地区的内生发展动力,处理好落后地区自身发展能力和外部推动力的关系,实现充分发展。区域协调发展战略是贯彻新发展理念、建设现代化经济体系的重要组成部分,为解决处理好新时期我国区域发展问题指明了新道路。区域协调发展就是要在全国一盘棋中充分发挥各地区比较优势,形成因地制宜、优势互补的区域分工协作格局,在发展中促进地区间相对平衡。

从浙江区域协调发展的实践经验,到推进中国特色社会主义进入新时代,习近平同志关于区域发展战略的重要论述随着其工作和实践的轨迹不断凝练升华沉淀,成为我国区域经济发展的重要指导。习近平同志在浙江工作期间全面实施"山海协作工程"突出体现了其对区域协调发展的深刻思考和战略谋划:通过加强区域互利合作和互助协作,以内源发展与外向拓展相结合,利用发达地区和欠发达地区各自比较优势,构建了不同区域各展所长协同发展的新模式;充分发挥政府促进区域合作的引导作用和市场在资源配置中的决定性作用,促进各类要素自由流动和高效集聚,保障不同地区发展机会公平,提供了推动区域开放发展的新方案;践行"绿水青山就是金山银山"的理念,坚持人与自然和谐共生,生态优先、绿色发展,开拓了区域生态保护和高质量发展的新路径;坚持以人民为中心的发展思想,补齐欠发达地区民生领域短板,逐步缩小区域间基本公共服务差距,提出了缩小区域发展不平衡的新思路。

"山海协作工程"以省域内发达地区与欠发达地区结对帮扶为主要特征,推动产业向欠发达地区梯次转移,剩余劳动力向发达地区有序转移,促进了不同等级、不同类型区域之间梯次联动和优势互补,在区域协作中提升整体发展效率。"山海协作工程"充分发挥党政优势,构建了政府推动、市场运作、全社会参与的区域协调发展新机制,通过发挥财政扶持的引导作用,激发广大社会资金加入协作合作项目建设,实现了欠发达地区从"对口帮扶"向"自我发展"转变和提升。"山海协作工程"注重培育欠发达地区的动态比较优势,通过培育潜在的技术优势、人力资本优势,以实现高级生产要素的不断积累,进而在保持静态比较优势的同时,不断依靠动态比较优势实现发达地区与欠发达地区经济的协调发展。"山海协作工程"与"百亿帮扶工程"、"欠发达乡镇奔小康工程"共同保障了欠发达地区社会事业的发展,形成了宽领域、多层次、全方位的合作交流格局,为促进全省区域协调发展、实现共同富裕奠定了坚实的基础。

"山海协作工程"正确处理好了经济发展与社会进步的关系、局部利益与全局利益的关系、当前发展与长远发展的关系,蕴含着丰富的马克思主义哲学,继承和发展了马克思主义有关区域经济的理论,是习近平新时代中国特色社会主义思想在浙江探索和实践结出的丰硕之果。"山海协作工程"紧密结合浙江省情和发展阶段实际情况,为解决中国区域发展问题提供了新方略,为全球解决区域发展问题提供了浙江智慧。本书以理论与实践、历史与逻辑、论述与案例相结合的方式,系统分析了"山海协作工程"实施的历史背景、推进路径、举措经验与重要意义;详细梳理了"山海协作工程"为解决浙江省域内经济社会发展不协调而采取的相关举措;概括总结了新时代浙江省委省政府为深化"八八战略",打造山海协作升级版,促进欠发达地区跨越式发展的部署实践;深刻阐述了从"山海协作"到习近平总书记关于区域协调发展重要论述的逻辑演进,为社会各界深入了解浙江解决发展不平衡不充分问题的成功经验提供有益参考。

目 录

实施"山海协作工程",是缩小地区差距,促进区域协调发展的有效载体……是培育新的经济增长点,不断提高我省综合实力的必然要求……是促进共同富裕,实现人民群众根本利益的重要举措。

——摘自《干在实处 走在前列:推进浙江新发展的思考与实践》①

第一章 "山海协作工程":历史背景、基本框架与重大成就

◆◆ **本章要点**

1.没有欠发达地区的现代化,就没有区域整体的现代化。"山海协作工程"是浙江从全省生产力和人口的空间布局优化,促进发达地区加快发展、欠发达地区跨越式发展,推动实现区域协调发展这一全局高度出发实施的战略工程。

2.山区发展是浙江省现代化进程中"最短的那块板",同时也蕴含独特山海资源优势,推动"山"与"海"的比较优势互补协同,是"山海协作工程"取得巨大效益的前提。

3.经实践探索,"山海协作工程"逐渐形成"基础设施先行—教育培训并进—产业合作主线—内聚外迁加速—共同富裕落脚"的系统化推进路径。

4."山海协作工程"探索形成发达地区与欠发达地区结对帮扶新理念、双向互动新路径、互利合作新模式,显著增强欠发达地区

① 习近平.干在实处 走在前列:推进浙江新发展的思考与实践[M].北京:中共中央党校出版社,2006:210-211.

发展活力,开拓发达地区新的发展空间,形成一条具有显著中国特色、浙江特征的区域协调发展新路。

21世纪初期,浙江经过改革开放以来二十余年的快速进步,经济社会各领域发展均进入全国第一方阵,正处于加快工业化、城市化、信息化、市场化和国际化的重要阶段。与此同时,浙江也面临一个比较突出的问题,即区域内部如浙西南山区与杭州湾、温台沿海地区的发展差距日益加大,区域发展不平衡不充分现象相对严重。在此背景下,时任浙江省委书记习近平将实施"山海协作工程"作为突破省内区域发展不平衡格局、促进共同富裕的重大战略工程。本章对"山海协作工程"的历史背景、基本框架、重大成就和实践经验进行总括性介绍。

第一节　历史背景:山海失衡

发展战略深植于时代背景与区域环境。21世纪初期是中国加快发展战略机遇期,浙江经济社会发展阶段也整体迈上新台阶,省内增长空间、发展动力、区域竞争优势等经济发展的基本面变量均发生重大变化,"山海协作工程"是上述环境下的科学产物。

一、战略机遇期与"山海协作工程"

深刻理解"山海协作工程"需要历史维度。"山海协作工程"正式实施于21世纪初期。那时的世界、中国和浙江,正处在一个"历史性关口"。从世界与中国环境来看,进入21世纪后,经济全球化深度发展,世界科技革命日新月异,人才、资金、技术等各种生产要素在全球范围内配置和重组。发达国家在世界范围内向广大发展中地区特别是东亚、东南亚等劳动力要素禀赋充足地区进行投资转移和产业布局。我国于 2001 年正式加入世界贸易组织，在经济全球化和世界科技革命中面临着技术迭代、产业升级、结构调整、制度创新等一系列重大机遇。2002 年，党的十六大提出，要在本世纪头二十年，集中力量，全面建设惠及十几亿人口的更高水平的小康社会，使经济更加发展、民主更加健全、科教更加进步、文化更加繁荣、社会更加和谐、人民生活更加殷实。

改革开放伊始，浙江经济社会发展迅速，到 21 世纪初期，各方面已进入全国发展第一方阵。党中央殷切期望，浙江能够在全面建成小康社会、加快推进社会主义现代化进程中继续走在前列。21 世纪初期，浙江已经迈入人均 GDP 1000 美元到 3000 美元的发展阶段，正处于结构转型、经济发展方式转变的加速演变期，处于加快工业化、城市化、信息化、市场化和国际化的重要阶段。与此同时，与兄弟省份相比，浙江在体制机制环境、区域块状特色产业、人文及山海资源等方面的优势逐渐凸显。

基于对浙江在 21 世纪初期面临的国际大势、区域形势与省内优势的准确把握，习近平同志在 2003 年 7 月召开的浙江省委十一届四次全会上，首次系统提出并阐述了"八八战略"，对此后一个时期浙江经济社会发展的各个方面提出了明确要求，作出了全面部署。"八八战略"是习近平同志在浙江工作期间对浙江发展的总体规划蓝图，"山海协作工程"是"八八战略"的重要组成部分。"八八战略"的提出，为浙江全面实施"山海协作工程"、推动区域协调发展提供了总的理论指南、战略指导与政策环境。

二、"山海并利"的自然条件

自然地理是经济地理的基本约束，经济地理和资源禀赋则为理解经济社会发展战略的科学性提供了基本面。浙江省10.55万平方公里的陆域面积，70％以上由山地和丘陵构成，简称"七山一水两分田"。如湖州、金华、衢州和丽水四市，其所有县（市、区）均为山区县，不少地方呈现"九山半水半分田"风貌。在传统工业化路径下，"山高路远"一定程度上构成发展的主要制约。但是，与中西部省区的山区相比，浙江省山区自然资源丰富，特别是生态环境良好，龙泉、庆元、开化、淳安、安吉等9个全省重点林业县活立木蓄积量占全省的37％，2008年全省32个自然保护区中有30个在山区县，山区县的水质、空气等生态质量指标普遍好于其他地区[①]。大力发展山区特色优势产业，合理开发利用和保护山区资源，加快建设"山上浙江"，促进陆海区域协调发展，是实现浙江经济社会协调发展的重中之重。

与此同时，浙江省"范围内的领海和内海面积为4.24万平方公里，连同可以管辖的毗连区、专属经济区和大陆架，海域面积达26万平方公里……是名副其实的海洋资源大省"[②]。浙江省共有3000多个海岛，数量居全国之首。浙江省海洋旅游资源丰富多彩，质量上乘，在全国仅次于海南省，有些特色资源在全国独一无二。

发挥区域资源禀赋的比较优势，是后发地区赶超发展、跨越发展、差异化发展的基本路径。上述山地资源、生态资源、海岛资源

---

① 于海琳，吴韵琴.浙江省山区产业结构与农民收入问题研究[J].安徽农业科学，2012,40(28):14096.

② 习近平.干在实处 走在前列：推进浙江新发展的思考与实践[M].北京：中共中央党校出版社，2006:209.

等禀赋优势，为实施"山海协作工程"、推动区域优势互补合作打下坚实基础。

三、浙江省内的"胡焕庸线"现象

我国的区域协调发展进程中，国内发展不平衡存在一个显著的典型化事实，即人口集聚度和经济集聚度在东西部存在明显偏离。这集中体现在"胡焕庸线"上：该线以东地区约四成国土面积养育了超94％的人口，而该线以西地区近六成国土面积上的人口仅占5.61％，由此也导致了经济发展的东西差距。出现"胡焕庸线"现象的背后原因，在于经济上的地理因素加大了物流、交通等成本，反过来又进一步导致产业链集聚成本提升，形成恶性循环的累积效应，使得西部地区的资源潜力转化成国内大市场和国际市场的门槛大幅提升。

对于浙江来说，如果在地图上将杭州临安清凉峰镇和温州苍南大渔镇用直线连接起来，亦可出现一条区域发展不平衡的分割线——"清大线"。该线西南侧，包括丽水、衢州全境以及杭州建德、淳安，温州苍南、泰顺等县市的部分区域，构成浙江省发展相对落后地区的核心区块，土地稀缺，人口稀疏，经济密度低；该线东北侧，集聚着自古繁华的杭嘉湖绍平原及甬台温等地，土地平整，人口稠密，经济社会发展总体良好①。由于历史、社会、地理、自然等多种原因，与沿海发达地区相比，浙江海岛、山区、老区、民族地区等"山"区的发展速度一直比较缓慢，区域发展的相对差距呈现扩大的趋势。"清大线"两侧区域发展的不平衡，成为21世纪初期浙江加快现代化进程必须跨越的障碍。

---

① 陈文文,许雅文.奔向高水平全面小康：浙江持之以恒推进协调发展纪事[N].浙江日报,2019-09-09(1).

没有欠发达地区的现代化,就没有全省的现代化。时任浙江省委书记习近平从全省生产力和人口的空间布局优化,促进发达地区加快发展、欠发达地区跨越式发展的携手共进式协调发展这一全局高度出发,充分认识到山区发展是浙江省现代化进程中必须补上的"最短的那块板",同时也敏锐地观察到欠发达地区蕴含的独特山海资源优势与培育新的经济增长点的潜在空间,明确指出"我们应该看到丰富的山海资源优势,念好'山海经',把欠发达地区和海洋经济的发展作为我省新的经济增长点"[①]。浙江依托"山海并利"的自然条件,全面推进实施"山海协作工程",合理开发利用海洋资源和山区资源,不断拓展海洋经济发展空间,推动海岛、山区、老区、民族地区等欠发达地区加快发展,逐渐走出一条具有浙江特色的海洋经济与陆域经济联动发展新道路。[②]

第二节　基本框架:山海联动

一、"山海协作工程"的阶段演进

"山海协作工程"是"八八战略"的重要组成部分,是为解决浙江省域内经济社会发展不平衡不充分问题而采取的重大战略举措。习近平同志在浙江工作期间,"山海协作工程"在全省范围内全面铺开,浙江省委、省政府陆续颁布了一系列文件,如《浙江省人民政府办公厅关于全面实施"山海协作工程"的若干意见》《浙江海洋经济强省建设规划纲要》《浙江省山海协作工程"十一五"规划》

---

① 习近平.干在实处 走在前列:推进浙江新发展的思考与实践[M].北京:中共中央党校出版社,2006:209.

② 裴长洪.中国梦与浙江实践:经济卷[M].北京:中国社会科学出版社,2015:27.

等,以指导"山海协作工程"的深入开展。从时间轴来看,"山海协作工程"共经历如下三个阶段。

提出启动阶段(2001—2003)。这一阶段任务的主要特征是"定方向、拉框架、建队伍"。针对 21 世纪初期浙西南山区与沿海地区发展不平衡局面,2001 年 10 月,浙江省委、省政府召开全省扶贫暨欠发达地区工作会议,提出要实施省内区域合作、帮助欠发达地区加快发展的战略,把省内沿海发达地区的产业转移辐射到浙西南欠发达地区,把欠发达地区的剩余劳动力转移到发达地区,并形象地将这一战略称为"山海协作工程"。[①] 2002 年 4 月,浙江省人民政府办公厅转发了省协作办《关于实施"山海协作工程",帮助省内欠发达地区加快发展的意见》,为全省启动实施"山海协作工程"提供了初步政策环境。2002 年 11 月,习近平同志担任浙江省委书记。他高度重视推进实施"山海协作工程",进一步明确发达市县与欠发达市县的结对关系,明确"政府推动、企业主体、市场运作、互利共赢"的市场经济条件下对口帮扶与扶贫开发新模式。2003 年 5 月,浙江省委、省政府决定设立浙江省对口支援、对口帮扶和山海协作工程领导小组。2003 年 7 月,"山海协作工程"纳入浙江省"八八战略"总体部署,随后政府相继出台《浙江省人民政府办公厅关于全面实施"山海协作工程"的若干意见》《浙江省山海协作工程"十一五"规划》《浙江省山海协作工程财政贴息资金管理暂行办法》等一系列政策文件。至此,"山海协作工程"的战略方向、主要任务、领导体系、政策配套体系等基本形成,已具备大规模实施的环境条件。

全面实施阶段(2003—2012)。这一阶段任务的主要特征是

---

① 葛立成等.区域发展看浙江[M].杭州:浙江人民出版社,2008:29.

"搭平台、引项目、强推进"。2003年8月起,"山海协作工程"进入全面实施阶段,当年欠发达26个县与结对关系县即开展基础设施、新农村、产业承接等方面的投资项目百余项。2004年4月,浙江省农村青年发展基金项目成立,主要用于省内欠发达地区开展农村青年人力资本培训和奖励工作。2004年10月,义乌国际小商品博览会首次设立"山海协作专区",进一步拓宽山海协作项目的市场合作窗口。2007年6月,浙江省第十二次党代会报告将加快欠发达地区发展作为"创业富民、创新强省"双创战略的重要组成部分,"山海协作工程"继续深入实施。2009年,浙江开始实施新一轮"山海协作工程",提出将推进"山海协作工程"和实施包含"基本公共服务均等化行动计划""低收入群众增收行动计划"在内的"全面小康六大行动计划"结合起来,加快推进欠发达地区跨越式发展。2012年8月,浙江省委、省政府办公厅印发《关于推进山海协作产业园建设的意见》,引导发达地区的产业、科技、服务、人才等创新要素向欠发达地区梯度转移,陆续建成9个省级山海协作产业园。

深化升级阶段(2012年至今)。这一阶段任务的主要特征是"拓内涵、强造血、高水平"。2015年11月,浙江省委十三届八次全会通过《关于制定浙江省国民经济和社会发展第十三个五年规划的建议》,提出要"深入实施山海协作工程,丰富协作内涵,完善协作平台,创新协作机制……打造山海协作工程升级版"。2015年12月,浙江省人民政府办公厅印发《关于进一步深化山海协作工程的实施意见》,明确提出"山海协作工程"在"十三五"期间的重点任务,提出以增强26县生态经济"造血"功能和自我发展能力为重点,努力推动26县与经济强县同步实现全面小康。2017年6月,浙江省第十四次党代会再一次提出要"充分发挥山海并利优势,着力打造山海协作工程升级版,进一步拓展协作内涵、完善协作平台、深化协作机制,支持'飞地经济'发展,不断增强山区和革命老区自我发展能力"。2018年初,浙江省委、省政府出台《关于深入实施山海协作工程促进区域协调发展的若干意见》,明确提出要打造"山海协作工程"升级版,推进"山海协作"向更宽领域、更高层次提升,为推进"两个高水平"建设发挥更大作用。

二、"山海协作工程"的推进路径

"山海协作工程"是一个系统工程,跳出对口帮扶合作中的简单"输血"式路径传统,在战略框架设计时,就提出以市场经济规律为遵循,以产业梯度转移、市场分工合作、要素合理配置为主线,以项目合作为落地重点,构建多渠道、多形式、多层次的区域合作新格局。经实践探索,"山海协作工程"逐渐形成"基础设施先行—教育培训并进—产业合作主线—内聚外迁加速—共同富裕落脚"的系统化推进路径(见图1-1)。

基础设施先行。"山"与"海"牵手合作,首要前提是互联互通。"要想富,先修路"并不过时。高山、深山、海岛、库区等地的欠发达县(市、区)的一个共同特征是交通闭塞,物流成本畸高,形成欠发达地区与发达地区商贸往来、人员流动、信息交流的重要"卡脖子"障碍;同时,能源、资源、通信等重点基础设施供给水平也与发达地区存在显著差距。对企业而言,在欠发达地区开办企业面对电、水、互联网等基本生产要素,不仅是价格成本问题,更是可得性约束问题。"加大基础设施建设力度是加快欠发达山区和海岛渔区发展的关键。要通过实施'百亿帮扶致富'工程,整体推进欠发达地区的交通、水利、电力、通信、生态等工程建设,提高基础设施的共享性和综合效应"。① 在洞头调研时,习近平同志曾指出,"舟山的大陆连岛工程,洞头的半岛工程,都是'一通百通'的工程,可以迅速改善海岛居民的生产、生活条件,促进海岛经济的发展"②。

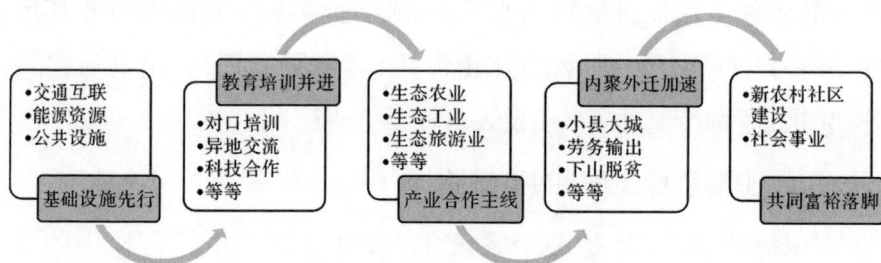

图 1-1 "山海协作工程"推进路径系统

教育培训并进。基础设施建设打通"山""海"合作发展之路,促进"人"的全面发展是目标。提升"山海协作"效率、促进欠发达地区内生发展的原动力是人力资本水平。教育、科技、经济是一个复合系统,"经济靠科技,科技靠人才,人才靠教育。教育发达——科技进步——经济振兴是一个相辅相成、循序递进的统一过程,其基础在于教育"③。欠发达地区广大居民的文化水平、技能积累、精神面貌等人力资本水平是决定"山海协作"成效的基础因素。推进浙江"山"与"海"的教育帮扶与合作,是实现"山海协作"所需的人力资源保障中最为关键的内容,也是阻断贫困代际传递之链的治本之策。相应采取的主要举措有推动发达地区干部、教师、医生到欠发达地区任职工作或轮换工作,为欠发达地区提供人才、智力支

① 习近平. 干在实处 走在前列:推进浙江新发展的思考与实践[M]. 北京:中共中央党校出版社,2006:215.

② 习近平. 干在实处 走在前列:推进浙江新发展的思考与实践[M]. 北京:中共中央党校出版社,2006:220.

③ 习近平. 摆脱贫困[M]. 福州:福建人民出版社,1992:129.

持;通过"手拉手、结对子",发达地区与欠发达地区建立校际结对关系,建立师资、图书、教育设备等援助渠道;高度重视欠发达地区农村劳动力素质培训和转移就业,加强农民就业技能培训和就业指导,促进跨区域就业;加大财政扶持力度,重点提升欠发达地区特别是农村学校等义务教育设施质量,实施现代远程教育工程,利用现代数字技术推进高质量教育协作共享。

产业合作主线。产业合作是"山海协作工程"的突出亮点,是组合利用欠发达地区土地、环境、劳动力成本要素优势与发达地区资金、技术、管理、人才要素优势的载体,成为"山海协作工程"激发多方积极性的活力之源。通过联合与协作,在欠发达地区组建一批富有活力的合作企业,推进发达地区与欠发达地区产业结构同步优化升级,形成互利共赢的实体枢纽。在"山海协作"框架下,产业合作以发展生态工业、生态农业、生态旅游业、海洋经济等特色产业为对象,以市场渠道合作、产业园区合作、"飞地"合作为主要方式。如义乌小商品市场和义乌商贸城专门设立山海协作展示区(馆),为欠发达地区提供城市宣传、商贸洽谈、市场拓展等常态化的市场平台,拓宽欠发达地区企业资源、产品与外部市场需求对接渠道。在衢州、丽水建设9个省级山海协作产业园,大幅促进欠发达地区与发达地区的资源有效整合,不仅推动发达地区"腾笼换鸟",而且支持欠发达地区培育特色优势产业,最终提升当地就业与收入水平。

内聚外迁加速。"山海协作工程"是着眼于浙江区域经济布局优化推进的战略工程,而优化区域经济布局的一个重要方面是劳动力转移和人口迁移布局。时任浙江省委书记习近平曾提出欠发达地区发展要综合运用"加减乘除法",其中"除法,即促进人口向城市集聚和对外转移"①。具体做法,主要包括下山脱贫与劳务输出,如安排专项用地指标,依托县城、中心镇和各类产业园区,建立下山移民小区,加快高山、深山、库区、地质灾害频发区农民下山和自然村的并村搬迁,鼓励跨区域下山脱贫等。通过推动生态功能区、高山深山、流域源头等不适宜经济活动开发的欠发达地区人口向县城、中心镇集聚或向外迁出转移,实现下山脱贫、劳务输出、生态保护与产业布局的"四位一体"优化。

共同富裕落脚。缩小地区差距、实现共同富裕,是"山海协作工程"的出发点和战略依归。浙江省在全面建设小康社会、提前基本实现现代化的进程中,一个突出问题就是区域之间的差距较大。不仅衢州、丽水等西南山区与杭嘉湖地区发展差距较大,杭州、宁波、温州、台州等发达城市也都存在欠发达的地区和乡村,即"灯下黑"问题。习近平同志将"木桶理论"应用于全面小康建设,指出浙江"能否实现全面建设小康社会……在很大程度上取决于欠发达地区能否加快发展"②。"山海协作工程"中的基础设施建设、教育培育、产业合作和人口外聚内迁的最终目标均是加快提高欠发达地区居民的生活水平和生活质量。推进共同富裕的主要做法包括乡村振兴和新农村社区建设,如实施"山海协作工程·百村经济发展促进计划""省外浙商回归工程·参与新农村建设计划",千方百计增加欠发达地区就业和收入水平,同时推动省级部门、发达地区、社会各界资源投入欠发达地区科技、教育、文化、卫生等社会事业的发展,缩小公共服务和福利差距。

---

① 习近平.干在实处 走在前列:推进浙江新发展的思考与实践[M].北京:中共中央党校出版社,2006:214.

② 习近平.干在实处 走在前列:推进浙江新发展的思考与实践[M].北京:中共中央党校出版社,2006:212.

三、"山海协作工程"的激励体系

顶层战略指引。深入实施"山海协作工程"，是浙江扭转发展不平衡不充分局面、推进区域协调发展的一项战略举措，属于"八八战略"的重要组成部分。习近平同志任浙江省委书记后，极为重视山海协作工程，在 2003 年 7 月浙江省委十一届四次全体（扩大）会议上，把统筹区域发展纳入"八八战略"的总体部署，将"山海协作工程"提升到促进区域协调发展、培育新的经济增长点、促进共同富裕的战略全局高度，为"山海协作工程"提供了战略依据和总体指南。自 2002 年起，浙江先后出台《关于全面实施"山海协作工程"的若干意见》《关于实施新一轮山海协作工程的若干意见》《关于深入实施山海协作工程促进区域协调发展的若干意见》等一系列政策文件，公布实施《浙江省山海协作工程"十一五"规划》等发展规划。上述政策文件和规划体系，明确了"山海协作"的基本原则、实施方式、规划指导、目标考核、督察调研等实施生态，为增强"山海协作工程"实施提供了有力的战略指引与政策环境。

组织领导体系。"山海协作工程"的组织领导系统可以用"省级统筹、双边合力、部门对接"概括，具有鲜明的分层分部门高效对接特征。从省级统筹来看，2003 年 5 月，浙江省委、省政府决定设立浙江省对口支援、对口帮扶和山海协作工程领导小组，构成"山海协作工程"的领导决策与制度供给核心。浙江省人民政府经济技术协作办公室承担山海协作工程的组织和协调。从双边合力来看，作为山海协作的责任主体，帮扶结对的市、县政府以及协作部门之间也建立市县首长常态化的定期联席会议制度。从部门对接来看，涉及"山海协作工程"的教育、科技、建设、农业、产业园区等部门之间会建立专项对口协作机制，合作目标明确，可操作性强。

上述领导系统为"山海协作工程"提供有力高效的组织实施保障。

财政资金支持。财政资金主要发挥政策导向、广泛撬动社会资金参与"山海协作工程"的导流功能。对于到欠发达地区进行投资办厂、科技合作、外贸加工的合作项目，只要符合《关于全面实施"山海协作工程"的若干意见》《关于加快欠发达地区经济社会发展的若干意见》，即可享受浙江对欠发达地区的扶持优惠政策。2003年9月，浙江出台《浙江省山海协作工程财政贴息资金管理暂行办法》，重点支持中小企业到欠发达地区投资企业、专业市场、旅游合作、基础设施建设、原料基地建设、生态环境建设等项目，给予一次性银行贷款贴息。2003年6月，浙江省政府发布《关于实施"五大百亿"工程的若干意见》，将"百亿帮扶致富建设工程"作为其中重点内容。在财政转移方面，2010年，浙江省委、省政府决定连续三年由省财政每年每县安排财政专项转移支付资金2亿元，支持6个重点欠发达县加快增收致富。除省级财政统筹支持之外，合作市县双方亦跟进合作实际给予财政激励。如宁波镇海区出台《关于推进"龙游—镇海山海协作产业园"建设奖励暂行办法》，对到产业园投资的镇海区企业给予生产投资、技术改造等方面的用地用电优惠、税费优惠或投资补助。

信息对接平台。建设山海协作专区、山海协作馆、山海协作工程网站等各类信息对接平台，是"山海协作工程"实施的重要载体。山海协作专区，是在义乌小商品市场、义乌商贸城及各种类型商品展示展销会上建设山海协作专项平台，为欠发达地区提供城市宣传、商品展示、商务洽谈、市场拓展等功能，推动发达地区与欠发达地区在市场、资源、资本、技术、劳动力等方面进行信息对接和互补合作。信息对接平台是政府主导对接之外的"山海协作"新通道，打通双边优势合作与市场主体对接新窗口,有力形成全社会支持、参与"山海协作工程"的市场化互利共赢合作新格局。

第三节 重大成就:山海共赢

"山海协作工程"自 2002 年启动以来,各市县、各部门按照全省统一部署,精心实施基础设施建设、产业合作、教育帮扶、人力资本培训和信息对接等多元化协同对接活动,使"山"与"海"优势充分发挥,"山"与"海"的经济社会发展差距显著缩小,产业上下协作效应、人力资本增进效应、区域共同富裕效应日益凸显,浙江省内区域发展不平衡不充分趋势明显扭转,走出区域协调发展、山海共赢发展新格局。

一、产业上下协作效应

"山海协作工程"的实施,一方面推动资源加工型、劳动密集型产业由沿海发达市县向欠发达山区市县转移,使山区市县形成上游资源基地、加工基地、特色产业基地;另一方面则使发达市县腾出产业空间,向高端制造业、服务业转型升级和"腾笼换鸟",形成"山"与"海"的产业链协作新格局。

从山区欠发达市县发展来看。据统计,2002—2017 年,山区26 县共实施山海协作产业合作项目 10634 个,到位资金 4875 亿元,其中八大万亿产业和特色小镇项目 1750 个,到位资金 1600 亿元。连续布局形成的 10 个山海协作产业园,成为山海协作工程的主要载体。截至 2016 年底,10 个产业园共引进项目 290 个,累计完成投资 273 亿元,累计实现工业总产值 205 亿元,推动山区市县逐渐形成特色鲜明的产业基地。目前,衢州市初步形成特种纸、氟硅、食品饮料、消防器材等特色产业，丽水市则形成金属制品、精工机械、生物制药、生态农产品等特色产业。以衢州市为例，山海协作产业项目所创造的增加值占全市生产总值的 1/4 左右，有力促进了衢州市跨越式发展。

从沿海发达市县发展来看。首先，发达市县通过与山区县开展资源与产业合作，获得了产业拓展空间。据统计，2012—2018年，衢州市为杭州、宁波、嘉兴等地代造、代保、代建农保田 20 多万亩。其次，通过向山区市县输出资本、技术和管理经验，发达市县企业获得上游基地，拓展市场规模，建设总部基地，促进产业链和价值链建构，有力促进了沿海城市产业转型升级。

二、人力资本增进效应

提升欠发达地区教育普及水平，提高人力资本积累，是"山海协作工程"以人民为中心理念的突出体现。"山海协作工程"既要富口袋，也要富脑袋，高度重视欠发达地区农村劳动力素质培训和转移就业，高度重视发达地区对欠发达地区的教育协作。

从普及义务教育与推进中小学教育标准化、现代化来看。全省上下加大对欠发达地区的扶持力度，各欠发达地区也普遍增加教育投入，以改造中小学危房、破旧校舍为重点，通过改建、新建、迁建等手段，加大布局调整和资源优化力度，同时，加大对师资力量特别是骨干教师的引进和培养力度，使学校软硬件建设取得了前所未有的进展，义务教育面貌发生深刻变化。2002—2005 年，浙江省财政每年安排 2000 万元，帮助受援地区设立名教师、名校长培养专项资金，支援受援地区引进和培养优秀教师；高等师范招生计划安排向受援地区倾斜；师范院校每年有计划地举办受援地区骨干教师培训班。2004—2007 年，省财政每年安排 1000 万元专项经费扶持经济欠发达地区的远程教育工程建设。

从人力资本培训来看。"山海协作工程"形成提升欠发达地区劳动力素质、促进农民工市民化的重要途径。通过签订各类劳务协作及培训协议,结对城市、企业在劳动力输出地、输入地组织开展大量技能培训活动,为具有就业意向但缺乏技能知识的求职者提供培训、考核、鉴定、发证、输出等全链条服务。截至 2017 年,欠发达的 26 县已先后设立 20 多个山海协作实训基地,累计培训就业劳动力 30 余万人次,实现人力资本增进、就业、增收多元一体发展新局面。

三、区域共同富裕效应

实施"山海协作工程"的直接目标是缩小区域之间的发展差距,根本宗旨是共同富裕,促使不同地区居民过上富裕安康生活。自"山海协作工程"实施以来,浙江省各级党委、政府均将促进共同富裕、实现人民群众根本利益作为义不容辞的政治责任,通过发达地区与欠发达地区之间经济、社会、劳务等方面全方位的协作,增加就业机会,提高收入水平,改善生活条件,使欠发达地区居民真正共享改革发展成果、"山海协作"发展效益。

实施"山海协作工程"以来,山区 26 县经济社会实现跨越式发展。人均 GDP 从 2002 年的 8012 元增长到 2017 年的 53492 元,相对于全省平均的比例由 2002 年的 47.6% 提升到 58.1%,提升 10.5 个百分点。农村居民人均可支配收入,2002 年为 2593 元,2019 年大幅上升至 22268 元,相对于全省平均的比例由 2002 年的 66.3% 上升到 74.5%。26 县的城乡居民收入水平不仅高于全国平均水平,而且与全省其他(县区)平均水平的差距也明显缩小(见图 1-2)。

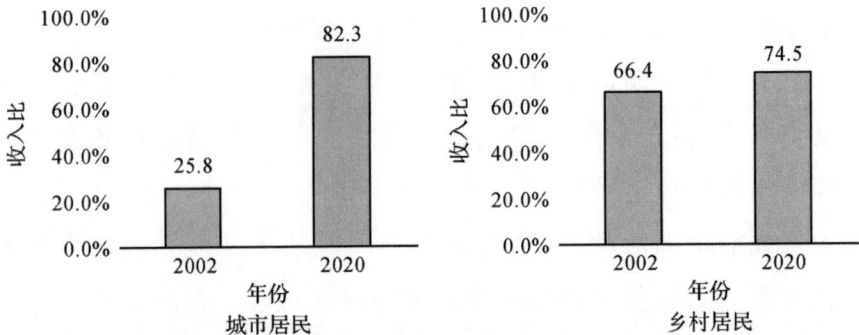

图 1-2 "山海协作工程"的共同富裕效应:26 县与全省人均可支配收入比
注:山区 26 县数据来源相应年份浙江省统计年鉴。

第四节　实践经验:山海协调

自 2002 年"山海协作工程"正式启动实施以来,浙江省委、省政府坚持"一张蓝图干到底",持续深入推进"山海协作工程",在实践中探索形成发达地区与欠发达地区结对帮扶新理念、双向互动新路径、互利合作新模式,显著增强了欠发达地区发展活力,开拓发达地区新的发展空间,形成一条具有显著中国特色、浙江特征的区域协调发展之路。

一、统筹内生激励与外部协作

国内外推进欠发达地区加快发展的主流路径,主要是通过财政转移、设施捐助等方式实施"输血帮扶"。"山海协作工程"突破了长期以来治标不治本的"输血帮扶"传统模式,既要"输血",更要"造血",并且重在"造血",提升欠发达地区自身发展能力。第一,体现在扶贫必先扶智。"山海协作工程"高度重视发达地区对欠发达地区的教育协作。从教育协作促进人的发展视角来看,教育的功能就是赋予人知识、技能、价值观等,使之转化为自身素质和能力，实现劳动生产率的提升。大力整合发达城市优质教育资源，通过远程信息教育、优质教师支援、名师培育激励、教育设施建设等多种方式，向欠发达地区扩大高质量教育供给，拉平教育鸿沟，促进机会公平，斩断贫困代际传递和地区因袭路径。第二，体现在千方百计扩大技能培育、就业创造和创业激励。"山海协作工程"高度重视欠发达地区农村劳动力素质培训和转移就业，重点扩大欠发达地区农民就业技能培训，实施就业指导和创新帮扶，促进欠发达地区劳动力跨区域就业，使居民群体在就业、创新中积累技能，提升自主发展能力，构成"以人民为中心"型协作的重要特色。

二、统筹市场机制与政府驱动

实施"山海协作工程"的主要目的就是加快欠发达地区发展，政府的先行撬动作用至关重要。"山海协作工程"的实施过程中，党的政治优势充分发挥，将全社会各方面的力量组织起来，形成强大合力。加大对后发地区财政转移扶持，发挥先导性方向引导作用，形成激励性政策环境，同时，对欠发达地区产业项目的土地、能源、资源、资金等要素供给方面给予支持，进而引导广大社会资本和企业加入协作合作项目建设。由政府支持开展山海协作系列活动、设立山海协作示范园区等具体载体和平台，为发达地区和欠发达地区合作打通合作通道。同时，充分发挥市场对产业合作、要素配置的决定性作用，走市场化协作新路。"山海协作工程"坚持"优势互补、互惠互利、长期合作、共同发展"原则，搭建合作平台和市场渠道，鼓励"大山"的资源、劳动力、生态要素资源与"大海"的资金、技术、人才、管理等要素资源自主对接，在全省范围内形成优势互补、合理分工的产业布局。实践经验证明，只有坚持市场化合作道路，才能充分调动欠发达地区与发达地区两个方面参与"山海协作工程"的积极性，形成可持续、良性、协调发展的互利共赢格局。

三、统筹顶层规划与基层创新

"山海协作工程"涉及产业合作、基础设施、科教文卫、新农村社区、信息平台等多个子工程，并且要服从于浙江全省经济社会现代化建设全局、城市生产力格局与主体功能区布局，要正确处理好经济发展与福利共享的关系、局部利益与全局利益的关系、当前发展与长远发展的关系。因此，要坚持适度超前、稳步推进原则，编制中长期发展规划和年度计划，纳入各地、各部门的经济社会发展全局，通盘考虑产业结构、人口布局、土地承载、资金要素等，尽量推动双边互补性。在做好顶层设计与总体规划的同时，各地、各部门在推进"山海协作工程"的过程中，依据实践需要不断拓宽新思路、寻找新方法、实施新路径，跳出扶贫工程的片面思维和模式，丰富合作视野，提升合作层次。为在合作中促发展、在合作中求提高，"山海协作"实践涉及大量体制机制创新、管理创新、路径创新、项目创新，在合作层次、合作方式、合作途径等方面均产生大量创新。例如，金华市在市工业区范围内专门划出1378亩土地，扶持相对欠发达的磐安县进行金磐扶贫经济开发区二期开发，帮助武义县在经济开发区二期工业区内设立山海协作工业小区。① 上述异地招商活动，就是实践中创造的一种"山海协作"新模式。

---

① 浙江省人民政府经济技术协作办公室.山呼海应新跨越：浙江省山海协作工程纪实[M].杭州：浙江人民出版社，2005：19.

◆◆ **思考题**

1. 浙江实施"山海协作工程"的重要条件是发挥"山"与"海"的比较优势,浙江山区具有哪些比较优势? 与中西部地区有何不同? 这些不同是否会抑制比较优势的发挥?

2. "山海协作工程"通过何种路径增强欠发达地区的"造血"能力?

3. 与常规的帮扶合作相比,浙江实施"山海协作工程"的突出亮点是什么?

◆◆ **拓展阅读**

1.《读懂"八八战略"》编写组.读懂"八八战略"[M].杭州:浙江人民出版社,2018.

2. 习近平.干在实处 走在前列:推进浙江新发展的思考与实践[M].北京:中共中央党校出版社,2006.

3. 习近平.之江新语[M].杭州:浙江人民出版社,2007.

4. 习近平.摆脱贫困[M].福州:福建人民出版社,1992.

5.《浙江发展》编写组.浙江发展[M].杭州:浙江人民出版社,2016.

缩小地区发展差距,实现区域协调发展,根本途径还是要促进发达地区加快发展、欠发达地区跨越式发展,这是统筹区域发展的核心。发达地区经济总量大,占全省经济比重高,是我省综合实力和区域竞争力的主要体现。发达地区加快发展,可以更好地发挥带动和引领全省经济发展的重要作用,更好地支持欠发达地区发展。欠发达地区虽然经济总量小,占全省比重低,但发展的潜力大。推进欠发达地区跨越式发展,可以形成新的经济增长点,从而为全省经济加快发展作出贡献。加快发达地区发展是支持区域协调发展的重要基础,促进欠发达地区跨越式发展是实现区域协调发展的重要环节,两者是互相促进的。

——摘自《干在实处 走在前列:推进浙江新发展的思考与实践》①

第二章　产业协作:激发内生发展

◆◆ **本章要点**

1.“山海协作工程”推动欠发达地区走自我积累和借力发展相结合的新道路,突破了长期以来以“输血帮扶”为主的传统扶贫模式,有效促进了欠发达地区的经济增长。

2.“山海协作工程”基于区域产业特色优势,探索欠发达地区与发达地区互动合作、共赢发展的基本路径,按照有利于沿海和山区以及生产力合理布局的要求,形成各具特色的区域经济分工协

---

① 习近平.干在实处 走在前列:推进浙江新发展的思考与实践[M].北京:中共中央党校出版社,2006:202.

作格局和优势互补的共享发展协同机制。

3."山海协作工程"的成功之处在于不只是政府层面的全力推动,更重要的是通过政府引导激发了市场主体的力量,进而在市场机制的调控下实现欠发达地区的内生发展。

改革开放以来,浙江经济发展速度在全国省域一直居于前列,经济发展活力旺盛。但浙江区域发展不平衡问题开始凸显,杭州、宁波、温州等城市的综合实力遥遥领先,从 2002 年的数据来看,杭甬温三地的 GDP 均已突破一千亿大关,三座城市的 GDP 之和更是占全省经济总量的五成以上,而衢州、丽水、舟山等地区的 GDP 之和不足全省经济总量的一成。习近平同志一到浙江就高度重视统筹区域发展对于全省发展大局的重要性,始终站在全局和战略的高度统筹区域协调发展,依据地区的发展需求和发展潜力,提出全面实施"山海协作工程"。

在习近平同志的大力推动下,浙江省委、省政府立足浙江区域发展的现状与趋势,成立了山海协作工程领导小组,明确杭州、宁波、温州等发达地区与衢州、丽水、舟山等欠发达地区的 65 个县(市、区)结成对口协作关系。通过加快欠发达地区和发达地区间在产业开发、技术支持、资金支助、农村建设、就业培训、社会事业发展等多领域全方位开展合作,构筑合作平台、发展集聚园区、建立培训基地等途径,引导发达地区企业向欠发达地区投资,促进发达地区产业向欠发达地区梯度转移,实现欠发达地区从"输血成长"向"造血生长"、从"对口帮扶"向"自我发展"转变和提升,为探索欠发达地区与发达地区互动合作、共赢发展的基本路径,促进全省区域协调发展、共同实现现代化、推动共同富裕奠定了坚实的基础。

第一节　弱鸟先飞,实现优势转化

习近平同志一贯重视内生发展动力的培育。早在 1992 年,时任福州市委书记习近平在《摆脱贫困》一书中就提出"弱鸟可望先飞,至贫可能先富,但能否实现'先飞''先富',首先要看我们头脑里有无这种意识"[①],强调"扶贫先要扶志,要从思想上淡化'贫困意识'。不要言必称贫,处处说贫"[②]。在浙江工作期间,习近平同志曾明确指出"改革开放以来,浙江走出了一条以自我积累为主的内源式发展道路"[③],并提出"在欠发达地区,要倡导自力更生,不等不靠的观念,强化自我发展能力"[④]。"山海协作工程"发挥浙江自身资源禀赋的比较优势,用更开阔的眼界、更前沿的理念看待山区资源、海洋资源、生态资源与文化资源等优势,突破浙江"七山一水两分田"的资源约束,积聚、发挥动态比较优势,为区域经济内生发展不断培育新动能,实现欠发达地区的弯道超车与发达地区的可持续发展。

一、激发欠发达地区内生发展动力

"内因是事物发展的根本,外因是事物发展的条件",这一马克思主义辩证法是习近平总书记关于区域协调发展重要论述的哲学本源。内生发展指一个国家或地区在发展中主要依赖自身的资源和资本积累,发展主体和发展动力来自区域内部,其发展以内部需

---

① 习近平.摆脱贫困[M].福州:福建人民出版社,1992:1.
② 习近平.摆脱贫困[M].福州:福建人民出版社,1992:6.
③ 习近平.之江新语[M].杭州:浙江人民出版社,2007:210.
④ 关于扶贫工作的论述[N].浙江日报,2015-12-15(17).

要为基础、以内在力量为主导,是一个自发的、自下而上的、渐进变革的过程。内生发展并不否认外力在某种条件下的重大作用,但更坚信所有的发展动力都必须从社会内部激发出来,而不是简单地从外部移植过来。

"山海协作工程"注重激发欠发达地区的内生发展动力,把推进产业培育和扶持山海协作企业创新发展有机统一起来,要求发达地区既要帮助欠发达地区引进项目、资金,同时也要帮助解决项目建成后的技术开发、市场拓展、管理运营等具体问题,着力提高产业合作的层次和水平,加快培育欠发达地区特色优势产业。[①]一方面,通过把对口帮扶重心放在受帮扶方有切实需求的项目上,促进发达地区资本、技术、服务对欠发达地区的输出,加深发达地区对欠发达地区的市场渗透;另一方面,注重发挥双方比较优势,与双方产业基础、资源禀赋相匹配,避免"橘生淮南则为橘,生于淮北则为枳",增强欠发达地区的内生动力,实现互利共赢、共同发展。

摆脱贫困的首要意义并不是物质上的脱贫,而在于摆脱意识和思想的贫困,彻底斩断穷根,隔断贫穷的代际传递。不能仅靠物资、经费、资源短时间内向欠发达地区的"输血"来实现脱贫的"面子",更要让欠发达地区拥有技术、人才、人民群众开创事业的能力,拥有"造血"功能才是脱贫的"里子"。"山海协作工程"的实施,特别是资源和产业合作的展开,创新了发达地区和欠发达地区的合作机制,把握好双方供需关系,让市场说话,激发蕴藏在当地群众之中的内生动力,开创出一条具有示范意义的造血式对口帮扶

---

① 浙江省人民政府经济技术协作办公室.回眸:浙江协作三十年[M].杭州:浙江人民出版社,2009:122.

之路。通过深度挖掘、精准匹配供需，从单向扶贫到产业对接，从经济援助到多领域深度合作，充分发挥了两地的比较优势。随着"山海协作工程"的实施，区域协作日渐紧密，合作规模不断扩大，沿海地区和山区形成了各具特色的区域分工协作格局；山区依托比较优势发展出新的生态产业，革新了生产关系，促进了欠发达地区生产力的提高。[①]

二、实现后发劣势向后发优势转化

因自然和社会条件的差异，绝大多数地方都具有自身的独特资源和优势，即使再贫困的地区，也会存在某种资源优势，都有发展县域特色产业的可能性。有的具有自然资源优势，有的具有区位优势，有的具有社会资源优势，有的则以上优势兼而有之。[②] 浙江省欠发达地区虽然产业基础薄弱，但具有自然资源优势和人力资源优势，从各欠发达县市的实际来看，各地区自然条件、自然资源、人口素质、经济结构等方面也存在一定的差异，这是进行区域分工和发展区域特色经济的条件和基础。

基于对浙江区域发展现实的准确把握，2003 年 12 月 3 日，在"山海协作工程"情况汇报会上，习近平同志指出："实施'山海协作工程'，有利于沿海和山区按照生产力合理布局的要求，形成各具特色的区域经济分工协作格局，推进经济结构的战略性调整；有利于拓展市场，扩大内需，为经济增长提供广阔的发展空间和持久的推动力量；有利于实现优势互补，优化资源配置，促进欠

---

① 何显明等.共享发展：浙江的探索与实践[M].北京：中国社会科学出版社,2018：148.

② 孙飞翔,顾益康,李隆华.潜力浙江：山海经济发展新论[M].杭州：浙江人民出版社,2006：24.

发达地区生态优势转化为经济优势,人力资源优势转化为人力资本优势。"①2005年1月7日,在浙江全省农村工作会议上,习近平同志进一步提出要"发挥欠发达地区劳动力和山区资源优势,依托县城和工业集聚区,培育和发展生态型的劳动密集型制造业基地。促进发达地区的劳动密集型产业向欠发达地区转移,大力发展以城带乡的来料加工,鼓励各类企业把符合环保要求、对农民增收作用明显的劳动密集型产品或配件加工扩散到欠发达地区"②。

为切实使欠发达地区劳动力素质符合发达地区企业对劳动技能的需求,增强欠发达地区劳动力的就业竞争力,浙江从2003年起实施"千万农村劳动力素质培训工程",加大对欠发达地区人力资本的投入与培训力度。衢州市2007年底"山海协作"项目的从业人员达到5.1万人,当年报酬7.1亿元,占城镇单位从业人员报酬增量的30.2%。丽水与宁波、嘉兴合作共建的山海协作劳务实训基地,每年有组织培训后向发达地区输出劳动力1万人,显著增强了劳动力素质,实现了欠发达地区人力资源优势向人力资本优势转化。③

作为"绿水青山就是金山银山"理念发源地的安吉,在确立"生态立县"后,大力发展生态产业和生态经济,推动经济发展向"生态化"转型。全县不仅生态环境不断改善,农民人均纯收入也迅速超

---

① 习近平.干在实处 走在前列:推进浙江新发展的思考与实践[M].北京:中共中央党校出版社,2006:210-211.

② 习近平.干在实处 走在前列:推进浙江新发展的思考与实践[M].北京:中共中央党校出版社,2006:215.

③ 浙江省人民政府经济技术协作办公室.回眸:浙江协作三十年[M].杭州:浙江人民出版社,2009:121.

过全省平均水平,县财政收入增幅连续多年走在全省前列,实现了生态优势向经济优势的转化。安吉白茶,在短短 30 余年里,从一株千年白茶树发展成为闻名全国的富民产业。2007 年,安吉白茶为全县农民人均增收 3000 余元,被习近平同志盛赞为"一片叶子富了一方百姓"。①

◆◆【案例 2-1】

舟山跨越式发展:将港口资源优势转化为经济发展优势

位于浙江东北部的舟山,地处我国东部黄金海岸与长江黄金水道交汇处,是长三角乃至中国重要的海上开放门户,其适宜开发建港的深水岸线总长 280 千米,占全国的 18.4%,能满足十亿吨级大港建设需要。因此,在浙江海洋经济的格局中,舟山是一个战略要地。但长期以来,舟山群岛与大陆隔海相望,无法有效接受沿海内陆城市的人才、资金等资源的辐射和带动,深水海岸资源也不能与内陆腹地实现联动,这大大制约了舟山经济社会的发展。习近平同志非常重视舟山的发展。在浙江工作期间,他到舟山调研 13 次。每次调研他总是说,做好海洋经济这篇大文章,是浙江的长远战略任务,舟山一定要在建设海洋经济强省中打头阵、唱主角。在习近平同志的关心和推动下,舟山开始重点发展临港重化工、船舶修造业、港口物流业、海洋旅游业等海洋产业,不断把港口资源优势转化为经济优势,推动海洋经济的大发展、港口城市的大变化、基础设施的大完善,带动舟山经济社会的跨越式发展。2006 年,舟山市海洋经济总产值达 650 亿元,海洋经济增加值 210 亿元,占全

---

① 《八八战略》编写组.八八战略[M].杭州:浙江人民出版社,2018:198.

市地区生产总值的比重达 63.1%,成为全国海洋经济比重最高的
城市之一。临港工业实现产值 335.5 亿元,总量比 2001 年翻了两
番多,其中船舶修造业实现产值 107 亿元,比 2001 年增长 12.3
倍,造船能力稳居全省第 1 位。舟山港区货物吞吐量达到 1.14 亿
吨,比 2001 年增长 2.5 倍。

案例来源:何显明等.共享发展:浙江的探索与实践[M].北京:中国社会科学出版
社,2018.

案例简析 >>>

浙江地处东海之滨,海洋资源丰富,港湾众多,海岛星罗棋
布,拥有 6715 千米总长的海岸线和 2878 个面积在 500 平方米以
上的海岛。海洋是浙江的潜力和优势所在,建设海洋经济强省,
也是缓解浙江省经济发展面临的资源、能源和环境压力,拓展发
展空间的有效途径。随着宁波与舟山在发展海洋经济方面更加
务实、有效的合作,整合海岸线资源,宁波舟山港口一体化取得了
实质性突破。

第二节 优势互补,共建"山海"产业链

"山海协作工程"注重增强欠发达地区内生发展动力,强调培
育与发挥欠发达地区动态比较优势,通过制度安排使欠发达地区
"发扬自力更生精神"落到实处,从各个区域实际情况入手,分类施
策、分区施政,构建了有利于内生发展的体制机制。通过培育潜在
的技术优势、人力资本优势以实现高级生产要素的不断积累,进而
在保持静态比较优势的同时,不断依靠动态比较优势实现发达地
区与欠发达地区经济的协调发展。

一、拓宽发达地区发展空间

发达地区如果不能分享欠发达地区经济发展的成果,就不可能有动力来支援欠发达地区;同样,当欠发达地区的经济主体能享受到经济发展的成果,内部自然也就有动力来改善经济发展环境。

21世纪初,经过改革开放近30年的高速发展,杭州、宁波等发达地区的建设用地成为最稀缺的资源,但有比较成熟的产业、技术、信息和市场渠道;而欠发达地区尤其是衢州,有低丘缓坡可以开发利用,但产业发展比较薄弱,技术、信息和市场渠道明显缺乏。为了发挥各自优势,实现资源和产业的合作,使区域协调向着共同繁荣和可持续发展的高级阶段转化,发达地区与欠发达地区探索出了以土地换资金和产业的途径。2006年7月,衢州与杭州、宁波两市签订了《关于加强资源与产业合作的协议书》,约定在新一轮土地利用整体规划内,衢州分别为杭州、宁波代保基本农田,代建标准农田,代造耕地;杭州、宁波支付给衢州土地资源补贴费,并引导产业向衢州转移。如"十一五"期间,衢州为宁波代保基本农田5万亩、代建标准农田10万亩、代造耕地1万亩和调剂折抵指标0.5万亩,共计16.5万亩。

截至2007年底,衢州市已完成可交付土地指标10.45万亩,其中代建标准农田10万亩、代造耕地0.25万亩、调剂折抵指标0.2万亩,占土地指标总数的63.3%。宁波支付给衢州市土地资源代开发费用6.25亿元,引导企业在衢州签约投资项目共81个,协议总投资为112亿元,实际投资额达11.3亿元。一批大项目相继在衢州落户,如浙江某硅业有限公司年产4500吨多晶硅项目,总投资达到40亿元,于2007年12月工商注册,到位资金1.7亿元,成为当时浙江省最大的山海协作单体项目,极大提升了衢州的工业结构,延伸了氟硅等产业链,拉动了相关配套产业的迅速发展。[①]

二、推动欠发达地区发展来料加工

中小企业为主、民营经济发达是浙江经济的一个重要特征,其中山区情况更为突出,还有大量个体工业户家庭工业、手工作坊等。在山区资源开发受限制、群众靠自身脱贫能力较差且外出务工带来诸多不便的情况下,乡村来料加工业因其门槛低、见效快成为脱贫致富的重要形式,得到政府的大力支持和推动。此外,随着浙江发达地区的工业经济转型升级,劳动力和原材料成本节节上涨,迫使部分劳动密集型企业把眼光转向经济发展相对落后的地区;为了降低生产成本,以应对激烈的市场竞争,有的企业则把"车间"分散到欠发达地区的农村,以来料加工形式完成原来在工厂车间的生产程序。[②]

来料加工是脱贫致富的有效途径,也能为推动当地工业化打下基础。随着来料加工业务规模的不断扩大,浙江对来料加工业务采取了一些政策措施予以支持,具体包括:落实管理部门职责,授权妇联负责具体管理服务工作;将来料加工经纪人培训纳入劳动力培训,提高来料加工队伍的素质和能力;组织来料加工产品展示和业务对接活动;借助义博会"山海协作专区",拓展欠发达地区来料加工业务。此外,浙江还谋划来料加工转型提质,在扶持来料加工集聚发展、开展电子商务、鼓励企业创建品牌、培育特色加工等方面出台政策措施。如金华市协作办充分利用山海协作这个平

①　浙江社会科学编辑部.改革开放 30 年回顾与展望[M].杭州:浙江大学出版社,2008:242-243.

②　赵玲.农村妇女与农村土地[M].杭州:浙江工商大学出版社,2014:225.

台,依托义乌小商品城的市场优势,为转移欠发达地区农村剩余劳动力,缓解农村富裕劳动力的就业压力,举办欠发达地区来料加工经纪人培训班。[①]

依托义乌小商品市场的辐射带动作用,全国妇联以义乌国际商贸城为基地,设立全国妇联来料加工服务中心,2006年以来每年举办来料加工产品展览、对接不同区域来料加工业务以及培训各地来料加工女性经纪人学习市场营销、会计、电子商务和法律法规等知识。通过把闲散妇女组织起来,开展来料加工技能培训,来料加工的队伍日益壮大。[②] 随着山海协作来料加工业的迅速发展,"山海协作工程"的实施方式也从以项目为主向项目合作、来料加工等多种形式结合转变。

来料加工业在发展过程中,产业规模逐渐从分散走向集中,涌现出一批"一乡一品""一村一品"的专业特色加工乡和加工村。随着乡村来料加工从业人数不断增加、业务范围不多扩大,来料加工业成为浙江劳动密集型产业的有效延伸和促进欠发达地区人们广泛创业、普遍增收的重要途径。2011年,浙江省乡村来料加工费收入达到81亿元,从业人员人均加工费收入达到8000元。2012年初,全省乡村来料加工人员超过130万人。[③]

三、共建山海协作产业园

发达地区与欠发达地区开展产业协作的另一种形式就是设立山海协作产业园。山海协作产业园由发达地区和欠发达地区双方

① 浙江省人民政府经济技术协作办公室.山呼海应新跨越:浙江省山海协作工程纪实[M].杭州:浙江人民出版社,2005:111.

② 赵玲.农村妇女与农村土地[M].杭州:浙江工商大学出版社,2014:227.

③ 何平,潘剑凯.浙江"来料加工"成就农民致富梦[N].光明日报,2012-9-15(2).

政府合作共建,园区实行共建、共管,发达地区出台鼓励政策激励本地企业向园区转移,项目投产后新增的增值税、所得税地方留成部分双方按一定比例分成,同时欠发达地区在耕地占补平衡上给发达地区提供土地指标。这样点对点地合作共建产业园,使得发达地区和欠发达地区成了利益共同体。[①] 通过在欠发达地区的省级开发区、园区中设立山海协作示范区,建立山海协作示范区与发达地区开发区、园区结对合作机制,利用发达地区开发区、园区在投资开发、规划管理、招商引资等方面的优势和欠发达地区的既有工业园区,帮助山海协作示范区加快提升产业发展能力,推进欠发达地区跨越式发展。

为全面推动山海协作产业园建设,浙江不仅在省级层面出台了《关于推进山海协作产业园建设的意见》《浙江省山海协作产业园管理办法》《浙江省山海协作产业园建设发展工作考核评价办法》《浙江省山海协作产业园建设专项资金管理办法》等一系列政策文件,全面、规范地为山海协作产业园提供建设引导和支持,且在市、县级层面也出台了针对当地产业园建设提升的实施细则,目标明确,可操作性强(见表2-1)。如余杭区出台了《关于积极推进产业转移促进柯城—余杭山海协作产业园发展的通知》,从加强引导宣传、加大协调服务、实行项目补助、设立专项基金等方面鼓励区内企业到柯城—余杭山海协作产业园投资发展。[②] 2015年12月,浙江省正式印发《关于进一步深化山海协作工程的实施意见》,标志着山海协作工程的进一步深化。

山海协作产业园充分发挥山区与沿海各自的优势,优化投资

---

① 何显明等.共享发展:浙江的探索与实践[M].北京:中国社会科学出版社,2018:139.

② 黄勇等.协调发展:浙江的探索与实践[M].北京:中国社会科学出版社,2018:144.

环境,推动产城融合,加速产业创新集聚,打造人才集聚高地,缓解发达地区产能过剩问题,激发欠发达地区经济活力,造血与输血功能共同增进,实现山海共赢,已成为浙西南山区对外开放的窗口、项目孵化的摇篮、人才集聚的高地和成果转化的桥梁。截至 2017 年,九大省级山海协作园区已开发土地面积 42.42 平方千米,引进产业项目 353 个,实现工业总产值 275 亿元,实现税收 9.1 亿元,带动当地就业近万人。[①]

表 2-1　浙江省关于推进欠发达地区发展平台建设的相关政策意见

文件名称	文件号
《中共浙江省委办公厅 浙江省人民政府办公厅关于推进山海协作产业园建设的意见》	浙委办〔2012〕83 号
《浙江省对口支援和山海协作领导小组办公室关于印发浙江省山海协作产业园管理联席会议及办公室、成员单位工作职责的通知》	浙山海协作办〔2013〕10 号
《浙江省对口支援和山海协作领导小组办公室关于印发浙江省山海协作产业园管理办法(试行)的通知》	浙山海协作办〔2013〕9 号
《浙江省对口支援和山海协作领导小组办公室关于印发浙江省山海协作产业园建设发展工作考核评价办法(试行)的通知》	浙山海协作办〔2013〕8 号
《浙江省人民政府经济合作交流办公室关于印发浙江省省级山海协作产业园统计制度(试行)的通知》	浙经合发〔2013〕54 号
《浙江省对口支援和山海协作领导小组办公室关于进一步做好省级山海协作产业园产业定位、项目准入和招商选资工作的通知》	浙山海协作办〔2014〕10 号
《浙江省财政厅 浙江省人民政府经济合作交流办公室关于印发浙江省山海协作产业园建设专项资金管理办法(试行)的通知》	浙财建〔2013〕424 号

数据来源:黄勇等.协调发展:浙江的探索与实践[M].北京:中国社会科学出版社,2018:145-146.

[①]　黄勇等.协调发展:浙江的探索与实践[M].北京:中国社会科学出版社,2018:133.

以柯城—余杭山海协作产业园为例,柯城、余杭两地于 2013 年 3 月正式签订共建"山海协作产业园"的协议,按 3∶7 比例出资,共同成立了国有股份开发有限公司,负责园区开发建设。产业园位于衢州市绿色产业集聚区核心区块、柯城区低丘缓坡综合开发利用试点区范围内,规划面积 6.42 平方千米,首期实施面积 3.79 平方千米,规划期内园区产业发展的总体导向为以功能性新材料为主的"3+1"模式。"十三五"期间,双方着力在余杭区搭建"柯城未来村",在柯城区打造"同创智谷"产业服务平台,探索建立"企业总部、研发、销售在余杭,生产加工、仓储物流在柯城"的合作新模式。[①]

◆◆【案例 2-2】

来料加工——走出一条脱贫致富新路子

金华市举办来料加工经纪人培训班和有关来料加工项目对接会、来料加工业务大比武、来料加工信息发布会等活动。金华市政府及有关县(市、区)政府组织当地富余劳动力积极与义乌市场接轨,致力于来料加工业,让山区农民和城镇下岗职工找到了一条脱贫致富的新路。"来料加工就像是一个没有车间的工厂",带动千家万户,情系农民和下岗职工,是一个合乎市场、利于百姓的好门路、好项目。

金华来料加工业务已涉及工艺品、饰品、服装、床上用品等上千个品种,并形成了差异分工、各具特色的发展格局,涌现了一批加工专业乡(镇)村,并且逐渐向专业化、规模化和工厂化方向发展。来料加工的大力发展,带动了欠发达地区商贸流通经济的发展。据

---

① 黄勇等.协调发展:浙江的探索与实践[M].北京:中国社会科学出版社,2018:144.

统计,金华市相对欠发达的磐安、武义、婺城、金东等县(区)已有300多名经纪人在完成一定的原始资金积累后,实现了经纪型到生产型的转变,办起了自己的个私企业;并有100多名经纪人走出山区,在义乌国际商贸城设摊经营,走上了产供销一条龙的发展道路。

案例来源:浙江省人民政府经济技术协作办公室.山呼海应新跨越:浙江省山海协作工程纪实[M].杭州:浙江人民出版社,2005.

案例简析 〉〉〉

来料加工主要通过依托专业市场,一头连接市场,一头连接加工企业,带动欠发达地区从事家庭手工或简单的加工生产。"山海协作工程"通过促进发展家庭来料加工、效益农业、信息化等多种方式增强欠发达地区经济主体的市场意识,激发了经济主体的发展动力,为欠发达地区群众提供了新的就业渠道,有效地促进了欠发达地区农民增收。

第三节　激发动力,赋能市场主体

要"输血"更要"造血","授之以渔"是关键。山海协作工程的成功之处不只在政府层面的全力推动,更重要的是通过政府引导激发了市场主体的力量,增强欠发达地区自我发展的信心和意愿,改变过去那种安于现状、求稳怕变、严重依赖的思想,充分调动广大市场主体的积极性,树立加快发展的坚定信念,积极主动地参与到山海协作。

一、政策资金支持赋能企业主体

实施山海协作工程,关键在于建立和完善激励引导机制,激发社会各界发挥市场主体的主观能动性,按照"优势互补、合作共赢"

的原则,积极参与到山海协作工程。为引导发达地区企业到欠发达地区投资设厂,增强企业的主体地位,浙江省委、省政府出台了一系列政策赋能欠发达地区和发达地区企业,以保障欠发达地区和发达地区合作机制的长期性和有效性。

赋能欠发达地区企业。2001年,浙江省委、省政府发布了《关于加快欠发达地区经济社会发展的若干意见》,旨在加大对欠发达地区工业企业的支持力度,激发欠发达地区企业求发展、争发展的动力;提出在"十五"期间,设立欠发达地区工业发展专项贴息资金,每年安排3000万元支持欠发达地区依托当地资源积极发展中小科技型企业、特色优势企业和骨干企业;支持欠发达地区采取优惠措施,吸引省内外企业投资办厂,或以参股入股、收购兼并、技术转让等方式参与国有集体企业改制;设立省级外贸出口发展基金,对欠发达地区的一般贸易出口给予每美元0.02元的出口商品贴息。

赋能发达地区企业。为进一步推动欠发达地区实现借力发展,引导发达地区企业与欠发达地区企业开展合作,浙江发布了《浙江省山海协作工程财政贴息资金管理暂行办法》。财政贴息主要用于支持发达地区的企业到欠发达地区开展合作,特别是中小企业在欠发达地区投资兴办工业企业、专业市场、旅游合作、基础设施建设、资源开发和原料基地建设、农林开发和生态环境建设、科技教育以及企业兼并重组等领域里经济效益和社会效益较好的项目。各级地方政府对发达地区的企业也给予政策、资金、服务等方面的大力扶持。丽水为营造一流的投资环境,对原有的招商引资政策进行梳理,有针对性地出台扶持工业发展、促进开放型经济发展的政策,对项目审批进行了全方位提速。衢州市委、市政府建立市级领导联系重点项目制度,与山海协作重点企业、重点项目挂钩,及时帮助解决项目实施过程中的困难和问题,进一步加大审批制度改革力度,以及专门成立山海协作项目审批小组,加快项目的引进与实施。

随着山海协作工程的不断推进以及企业间各方面合作的深入,欠发达地区企业的动力不断激发,山海协作企业的协作范围逐步拓展到了科技、信息、人才、劳务、贸易、旅游等各个领域。据统计,从 2002 年到 2007 年,全省累计签订山海协作项目 4006 个,到位资金约 700 亿元;从 2002 到 2017 年,26 县共实施山海协作产业合作项目 10634 个,到位资金 4875 亿元,其中八大万亿产业和特色小镇项目 1750 个,到位资金 1600 亿元,占全部项目到位资金的60%。这大大拉动了欠发达地区的经济社会发展,促进了全省的区域统筹协调发展。[①]

二、技能培训赋能劳动主体

人力资源开发是欠发达地区经济增长与可持续发展的重要因素,也是山海协作工程的主要内容之一。"山海协作"在引导生产要素向欠发达地区流动的同时,也为欠发达地区劳动力提供了有效的劳动力市场信息和良好的就业服务,促进用工需求和劳务输出有效对接,实现资源的有效配置和优势互补;以劳务输出带动农民脱贫致富,帮助农民拓展视野,更新观念,形成"输出劳动力,引回生产力",反哺当地经济的良性循环。

2002 年 4 月,浙江省劳动保障厅召开了全省就业工作历史上第一次农村就业工作座谈会,率先在全省开展对口帮扶劳务协作活动,动员组织杭州、宁波、嘉兴三个市与衢州市,温州、湖州、绍兴

---

① 黄勇等.协调发展:浙江的探索与实践[M].北京:中国社会科学出版社,2018:140.

三个市与丽水市，义乌、永康与磐安、武义等县（市）建立对口帮扶劳务协作关系，签订了协议书。全省当年完成了 3 万人次的对口劳务输出任务。2003 年，省政府办公厅出台《关于全面实施"山海协作工程"的若干意见》，将对口帮扶劳务协作活动纳入了"山海协作工程"的统一规划，重新明确了 2003—2007 年欠发达地区劳务输出新增 5 万人次的任务。

"山海协作工程"劳务输出地的劳动保障部门，立足发达地区的市场信息和企业用工需求，以及当地的主导产业发展，开展了农民素质培训，加快农民培训基地建设、农民素质培训和劳务输出的信息服务体系建设，开展"订单培训"等方面的工作。各级地方政府通过立足于现有的培训资源，发挥乡镇成校、农函大、职业技术学校等教育资源的基础作用，整合基地资源、部门资源和企业资源，开展以农技、职业、文化和综合素质为主要内容的四大培训，建立了比较完整的农民素质培训组织体系，创建了劳务合作新载体。如丽水市根据市场对劳动力的需求开展针对性培训，走"先培训后输出、以培训促输出、定向培训定向输出"的路子；龙游县充分利用企业培训资源，政府出资和组织人员，以需定培，以培定人。①

三、科技帮扶赋能经营农户

2007 年 1 月，在衢州、丽水等地调研时，习近平同志强调要坚持"真扶贫、扶真贫"，实施"进村入户、抓低促面"的帮扶机制，切实把帮扶工作做到村、做到户、做到人，促进低收入农户持续增收。②

---

① 孙飞翔，顾益康，李隆华.潜力浙江：山海经济发展新论[M]杭州：浙江人民出版社，2006：106.

② 周咏南.深入推进"欠发达乡镇奔小康工程"加快浙江全面建设小康社会进程[N].浙江日报，2007-01-24(1).

做大做强山区的绿色产业和特色产业,必须依靠科技。山区发展水平低、发展速度慢是由各种原因造成的,其中一个重要原因是山区的科技落后。这一方面说明山区加快科技进步、加快经济社会发展的必要性,另一方面也说明山区依靠加快科技进步、实现赶超发展战略的可能性。落实统筹区域发展战略,加快我省山区经济社会发展,缩小山区与沿海或平原等发达地区的差距,必须加快山区的科技进步,发挥科技对山区经济社会发展的支撑作用。

浙江省组织科技人员带着科技成果、科技产品和科技信息进村入户,并依托省科技信息网,在绍兴、丽水等地建立了 10 多个乡镇农村实用技术远程教育培训点,以加强农村精神文明建设,提高农民科学文化素质。此外,浙江省科技厅还开展了形式多样的科技"三下乡"活动,组织基层农技人员开展专业户恳谈会,不定期展示农业科技成果,现场指导专业大户,举办科技培训班培训农民,提供科技咨询,与省内上千农民结对保持经常性联系。通过网上培训和科技下乡系列活动的开展,农民科技致富能力得到提升,科技意识不断加强。2006 年,浙江省正式启动"科技富民强县专项行动计划",并设立专项资金,以欠发达县(市、区)为对象,以做强县域特色优势产业为切入点,以重点科技项目为载体,通过引进、推广、转化与应用先进适用技术成果,建立健全县域科技服务体系,促进山区经营农户有效增收。①

针对欠发达地区主要位于山区和农区的特点,浙江省委、省政府实施科技特派员制度,每年从浙江大学、省农科院等机构选派

---

① 浙江省人民政府研究室.加快山区经济社会发展 促进陆海联动区域协调研究[M].杭州:浙江人民出版社,2013:143.

100 名农业科技人员,到 100 个欠发达乡镇担任科技特派员,组织实施科技开发项目,支持发展特色农业,帮助农户持续增收。2005年,全省共派出 211 名省级科技特派员,覆盖所有欠发达乡镇。通过科技特派员的帮扶,欠发达乡镇的农业产业化经营得以加速,有效推动科技成果在欠发达地区的转化。首批省科技特派员引进新品种 726 个,引进新技术 324 项,组织实施各级科技开发项目 251项,建立农民科技示范户 5084 户、示范基地 182951 亩,扩大农民就业 10364 人,增加农民收入 5661.6 万元;累计举办各类农业技术培训班 907 班次,培训农民和接受技术咨询 61433 人次;帮助乡村建立各类农村专业合作组织 52 个,兴办、扶持农业企业 75 家,组建民办农业科研所 10 个。[①]

通过科技帮扶,欠发达地区乡镇农民人均纯收入增长迅速。在列入"欠发达乡镇奔小康工程"的 361 个乡镇中,农民纯收入超过全国平均水平的乡镇由 2003 年的 80 个增加的 2004 年的 105个。截至 2007 年底,全省欠发达地区乡镇农民人均纯收入达到4500 元,比 2002 年翻了一番以上;80％以上的欠发达乡镇农民人均收入超过全国平均水平。[②]

◆◆【案例 2-3】

积极开展选派科技特派员活动

选派科技特派员制度是新时期科技扶贫的重大创新,是解决"三农"问题的有益探索,是深入实施山海协作工程的一项重要举

---

① 浙江省人民政府研究室.加快山区经济社会发展 促进陆海联动区域协调研究[M].杭州:浙江人民出版社,2013:175.

② 《八八战略》编写组.八八战略[M].杭州:浙江人民出版社,2018:220.

措,符合农村经济和科技体制创新的要求,有助于促进农村经济与科技的结合。根据省委办公厅、省政府办公厅《转发省科技特派员工作联席会议"关于选派第二批科技特派员赴欠发达乡镇工作的实施方案"的通知》(浙委办〔2004〕17号)精神,在充分征求派出单位、接收单位和科技特派员意见的基础上,根据各欠发达乡镇所提出的专业需要,组织选派了第二批101名科技特派员,其中第一批科技特派员继续留任75人,新派26人。

科技特派员根据当地资源特点,引进先进技术和优良品种,培育发展了高山蔬菜、森林野菜、名特优水果、有机茶、中药材、食用菌、笋竹两用林、园艺花卉、珍稀苗木、畜禽、水产等一大批各具特色的绿色农产业。如省农科院入驻文成县金炉乡科技特派员陈学智实验师,根据该乡肉兔养殖基础较好的实际,重点推进肉兔产业开发,帮助引进夏季优良高产牧草品种8个,其中杂交苏丹草亩产达7500公斤以上,该项目推广可解决文成全县草食动物的夏季饲草问题。另外,他还用球虫清、皮肤康来防治兔球虫病、皮癣病,取得了很好的效果,有力地推进了文成县肉兔产业的发展。青田县仁庄乡的主要产业是稻田养鱼,农民原来粗放养殖,亩产量仅30公斤,效益很低。省淡水水产研究所胡益民高级工程师任科技特派员后,在调研的基础上,提出了改"稻鱼连作"为单养田鱼模式,引进适用新技术,配套相应的保障措施。50亩高产新模式示范基地,田鱼单产可从30公斤提高到100—150公斤,每亩利润从350元提高到1000元以上。全乡推广应用该技术,全年可增产200余吨,净增利润200万元。

第二批科技特派员入驻欠发达乡镇以来,背靠院所,面向农户,已帮助建立各类农村专业技术协会56个,兴办农业科技企业

82 家,创建利益共同体 15 家,组建民办科研所 16 个,有效地提高了农业组织化程度,探索了建立新型农业科技服务体系的途径。如浙江大学 14 位科技特派员已帮助 14 个乡镇组建了梨、柑橘、稻田养鱼、石蛙养殖等 17 个农村专业合作协会,创办了土特产加工、薯类深加工、生态农业等 10 家农业科技企业,帮助成立了 1 个农业科研机构。此外,省科技厅还扶持省科技特派员科技开发项目 101 项,投入总经费达 1200 万元,其中 2004 年省科技厅和省财政厅扶持经费为 700 万元。地方各级政府对科技特派员实施项目进行了配套,如温州市、县两级财政对 38 名省科技特派员科技开发项目共配套经费 163 万元。

案例来源:浙江省人民政府经济技术协作办公室.山呼海应新跨越:浙江省山海协作工程纪实[M].杭州:浙江人民出版社,2005.

案例简析 >>>

选派特派员制度是新时期科技扶贫的重大创新,是解决"三农"问题的有益探索,是深入实施"山海协作工程"的一项重要举措,促进了农村经济与科技的结合,符合农村经济和科技体制创新的要求。我省自 2003 年实施科技特派员制度以来,广大科技特派员对加速农业科技成果转化,加快农业增长方式转变,促进农业增效、农民增收起到了积极作用。

第四节　借船出海,打开市场通道

"山海协作工程""积极构建以省内知名会展活动、各市县节庆活动为载体的平台体系,组织开展项目推介会、投资洽谈会、产品展示会和劳务招聘会,为发达地区和欠发达地区开展协作提供更多、更有效的渠道"[①]。欠发达地区积极组织企业参加对口协作发达市举办的交易会、洽谈会、订货会等经贸交流活动,实现借力发展。

一、开辟产品新市场

发达地区与欠发达地区增强产业协作,其着力点在于创造发达地区和欠发达地区协作的载体。"山海协作工程"中发达地区充分利用其市场的资源、规模和优势,通过举办各类博览会、品牌推荐会、商品展销会、购物节等帮助推销欠发达地区的各类特色产品,培育当地特色品牌、产品等方式,提升欠发达地区产品的市场竞争力,开辟欠发达地区产品的新市场。

浙江充分发挥市场大省的优势,利用各类展示展销会平台,促进项目和产业对接,在各大展会上设立了山海协作专区。山海协作专区依托义乌小商品市场等全省各类展会载体,为浙江省经济欠发达地区开辟专门展区,是实施山海协作工程的重要形式,旨在通过义博会等大型展会平台为浙江欠发达地区的企业产品走向国内外市场开辟新途径。山海协作专区给欠发达地区企业提供了一个直接面向国内外市场的平台,不仅可以让欠发达地区的产品走向国内外市场,还可以使企业接触更多的海内外客商,开阔视野,更新理念,对企业的成长壮大产生深远影响。[②]

2005 年,义博会山海协作专区共有金华、衢州、丽水、舟山等地的 217 家企业参展,一共设立展位 261 个,参展商品涉及日用五

---

① 习近平.干在实处 走在前列:推进浙江新发展的思考与实践[M].北京:中共中央党校出版社,2006:214.

② 浙江省人民政府经济技术协作办公室.山呼海应新跨越:浙江省山海协作工程纪实[M].杭州:浙江人民出版社,2005:35.

金、工艺礼品、文体用品、针织品、皮具箱包、五金电器、化妆品、玩具、电子等九大行业,为欠发达地区商品对外输出提供了交易平台。① 目前省内的西博会、浙洽会、工科会以及长三角地区的一些大型展会也都设立了山海协作专区。

为进一步扩大欠发达地区企业产品的市场份额,浙江省委、省政府还利用义乌专业市场的品牌效应,在义乌建立山海协作馆,为欠发达地区提供集城市宣传、商品展示、商务洽谈、市场拓展等功能于一体的长期活动平台,以推进欠发达地区商品外贸流通。山海协作馆以欠发达地区、山区各市为单位设置展示区,以山海协作受援县(市、区)为单位对展馆面积进行均分,对各市展示区位置原则上实行以三年为期的轮换制。② 为了让山海协作企业及时了解市场信息、扩大企业的产品知名度、打通产品销售渠道,浙江省协作办在发达地区建立山海协作企业销售窗口,并且在知名网站上建立电子商务平台。

二、搭建高层次合作平台

构建高层次合作平台是政府为扩大成效、营造氛围而采取的促进山海协作的有效方式。2002 年以来,历届省委书记、省长均共同参加山海协作工程系列活动,推动搭建各种类型的合作平台,并召开专题会议作重要讲话,使得全省协作系统深受鼓舞,进一步坚定了搞好山海协作工程的信心和决心(见表 2-2)。如 2005 年在舟山市安排了全省山海协作工程系列活动开幕式暨合作项目签约仪

---

① 郭牧.会展与区域经济的发展:以中国义乌国际小商品博览会为例[M].北京:中央编译出版社,2008:121.

② 黄勇等.协调发展:浙江的探索与实践[M].北京:中国社会科学出版社,2018:132-133.

式、全省山海协作工作会议、舟山革命老区山海协作项目启动仪式、山海协作——2005 年中国舟山船舶工业博览会、科技服务周、医疗卫生服务周、劳务招聘大会、青年山海协作行动、九三学社山海协作行动、舟山推进活动等活动。[①]

表 2-2 "十一五"期间山海协作工程重大活动平台

活动名称	举办地点	举办时间	活动内容
山海协作工程专题活动	有关市	每年一次	针对某一合作专题开展推进活动
山海协作工程综合活动	欠发达市	每三年一次	组织企业和有关部门参与山海协作工程系列活动,营造氛围,扩大合作,促进实现全省区域协调发展
中国义乌国际小商品博览会山海协作专区	义乌市	每年 10 月	组织欠发达地区企业参展,依托义博会拓展山海协作工程平台
浙商大会暨浙商论坛	杭州市	每两年一次	组织在外浙商参加浙商大会,引导在外浙商参与欠发达地区建设

数据来源:黄勇等.协调发展:浙江的探索与实践[M].北京:中国社会科学出版社,2018:133.

◆◆【案例 2-4】

走进"义博会"

在义乌国际商贸城的商品海洋里,由各区域特色产品链接的浙江"块状经济",几乎都能在这里找到影子。"块状经济"加专业市场,是浙江经济的一大特色,它把千家万户的生产与千变万化的

---

① 孙飞翔,顾益康,李隆华.潜力浙江:山海经济发展新论[M].杭州:浙江人民出版社,2006:126.

市场有机结合起来,推动农村商品经济快速发展。国际商贸城对商品信息、物流和贸易集聚辐射的效应,使一些传统的商品生产基地开始改变流向,向义乌中心市场集结。"接轨义乌",现已成为周边县市的共同战略,许多县市都把快速通道修到义乌,拉近与义乌的距离,以尽快接受义乌市场的辐射。金华的武义、磐安、金东区,甚至衢州、丽水等地一些县市,还在义乌设立政府办事处,希望能在市场源头捕捉到机遇,搭上这列经济发展的快车。目前义乌市场的辐射范围已从浙中地区扩散到衢州、丽水及浙赣闽的交界地区,乃至更远的区域;扩散方式从单一的来料加工转到向资金、技术输出和产业链延伸;扩散的领域从商品加工发展到旅游开发、物流建设和人员培训。这种产业、市场和要素连接在一起的"新块状经济",便是"义乌经济圈"不断扩散。市场与产业的这种跨区域融合,使市场功能和产业优势都得到最大程度的发挥,并形成了共生共荣的"经济生态",成为浙江省经济格局中一个重要的"板块"。

通过博览会与义乌市场所形成的生产要素的跨地区融合,义乌已经成为浙江中部地区最大的"经济枢纽港",产生了极大的波浪效应和辐射功能。义乌市场这种能量的快速集聚和持久释放,有力推动了浙江中部区域经济的形成和发展。

在浙江省委、省政府的统一领导下,义乌充分发挥市场和产业优势,努力拓展山海协作渠道,利用义博会山海协作专区构筑了山海协作平台,使得山海协作取得了显著成效。

案例来源:郭牧.会展与区域经济的发展:以中国义乌国际小商品博览会为例[M].北京:中央编译出版社,2008.

案例简析 >>>

　　义乌作为浙江省乃至全国的日用品生产、集散中心,起到了推动我省经济发展的作用,现在更把推动欠发达地区发展纳入其中。义博会山海协作专区的设立是实施山海协作工程的一种新形式;是对欠发达地区支持和帮助的一种创新;是推进山海协作工程的一个好模式,是一个充分发挥市场主体积极性、共同推进的模式。

◆◆ **思考题**

　　1.通过"山海协作工程",欠发达地区如何实现发展优势的转换?

　　2.欠发达地区实现内生发展的主要路径有哪些?

　　3.论述"山海协作工程"体现了哪些区域发展理念。

◆◆ **拓展阅读**

　　1.孙飞翔,顾益康,李隆华.潜力浙江:山海经济发展新论[M].杭州:浙江人民出版社,2006.

　　2.赵玲.农村妇女与农村土地[M].杭州:浙江工商大学出版社,2014.

　　3.浙江省人民政府经济技术协作办公室.山呼海应新跨越:浙江省山海协作工程纪实[M].杭州:浙江人民出版社,2005.

加大基础设施建设力度是加快欠发达山区和海岛渔区发展的关键。要通过实施"百亿帮扶致富"工程,整体推进欠发达地区的交通、水利、电力、通讯、生态等工程建设,提高基础设施的共享性和综合效应。……尤其是一些事关全局的重大基础设施项目,对区域经济的发展具有战略意义。如舟山的大陆连岛工程,洞头的半岛工程,都是"一通百通"的工程,可以迅速改善海岛居民的生产、生活条件,促进海岛经济的发展。

——摘自《干在实处　走在前列:推进浙江新发展的思考与实践》①

第三章　基础设施先行:互联互通发展

◆◆ 本章要点

1.基础设施发展不平衡,通常是欠发达地区致富之路必须翻越的第一座"大山",也是驱动欠发达地区嵌入区域经济生产网络的基础。"要想富,先修路"不过时,充分揭示了道路等重要基础设施互联互通在推动欠发达地区加快发展中的关键先导作用。

2.浙江实施"山海协作工程"的重要和先行内容即是推动基础设施互联互通。浙江通过实施山区基础设施合作推进计划,推进陆岛互通、水利设施对接、能源网络连接、信息网络覆盖等重大基础设施工程,推动浙西南山区与发达地区加快交通等基础设施互联互通合作,大幅降低欠发达地区与发达地区运输成本,压缩市场交易成本,形成区域基础设施一体化发展新格局,有力支撑山区26

---

① 习近平.干在实处　走在前列:推进浙江新发展的思考与实践[M].北京:中共中央党校出版社,2006:215、220.

县与环杭州湾及温台沿海经济发达地区联动发展。

3.通过基础设施互联互通带动城乡公共服务共建共享。通过实施公共服务共享计划,加大发达地区与欠发达地区教育、医疗等领域的人才交流力度,深化"双下沉、两提升"政策,推动城乡公共服务水平一体化。

造成发达地区与欠发达地区发展差异的因素是多样的,包括政府政策、宏观经济结构、地区资源禀赋、要素流动性等,各因素既有因果累积作用,也存在横向的交互作用。但总体来说,主要表现在两个方面:一方面是基础设施,另一方面是社会资本。从现实来看,21世纪初期,浙西南山区和环杭州湾地区以及温台沿海地区之间,基础设施和公共服务发展不平衡格局较为突出:交通通达性不足直接导致巨大的交易成本差异,公共服务设施不足影响人力资本积累以及社会资本发展。浙江实施"山海协作工程",正是通过交通、能源、通信、公共服务等基础设施互联互通,使欠发达地区大踏步纳入发达地区发展高速通道,实现"一通百通",联动发展。

第一节　陆岛互联互通

交通基础设施链接性不足,通常是欠发达地区致富之路面临的"大山",也是制约欠发达地区嵌入区域经济生产网络的基本因素。交通基础设施具有很强的先导作用,特别是在一些贫困地区,改一条溜索、修一段公路就能给群众打开一扇脱贫致富的大门。[①]

---

① 杨传堂.推进农村公路建设 更好保障民生:深入学习习近平总书记关于农村公路建设重要指示精神[N].人民日报,2014-05-19(15).

一、连岛、半岛工程,都是"一通百通"工程

基础设施主要包括能源设施、交通运输、信息软件、供水系统等。根据现代经济增长理论,资本、劳动和技术是经济增长的三大驱动因素。而基础设施资本作为资本要素的重要组成部分,将直接引起社会总产出的增加,提高市场的效率,改善产业空间布局,并促进落后或者欠发达地区的经济增长,促使区域差距收敛。实践证明,基础设施薄弱的城市不能对新的小企业提供"孵化器"功能,落后地区滞后的基础设施和高昂的物流成本阻碍其扩展出口市场,农村公路在获得市场机会以及减少交易成本方面有非常大的作用。[①]

基础设施对经济收敛还存在间接的作用,即对欠发达地区存在外部溢出效应。比如基础设施可以通过降低企业生产成本、交易成本,从而使企业充分深化分工和专业化,提高企业的生产效率;基础设施可以通过改善投资环境、生产环境,提高企业的吸引力,促进资源向本地集聚,产生一定的集聚效应;另外,基础设施通过改善欠发达地区的信息不对称问题,促进了欠发达地区生产要素、商品的流通,以及先进的技术、管理经验的扩散,促使区域经济一体化,产生网络效应,对其他地区产生了正向的空间溢出效应,促进经济增长。[②]

从自然资源结构上看,浙江省共有 3000 多个海岛,数量居全国之首;海洋旅游资源丰富多彩,质量上乘,在全国仅次于海南省,

---

① 李献国.中国基础设施投资的经济增长效应研究[D].辽宁:东北财经大学,2017:55-56.

② 李献国.中国基础设施投资的经济增长效应研究[D].辽宁:东北财经大学,2017:59-60.

有些特色资源在全国独一无二。发挥区域资源禀赋的比较优势，是后发地区赶超发展、跨越发展、差异化发展的基本路径。2003年8月18日，时任省委书记习近平在浙江省第三次海洋经济工作会议中作了题为《发挥海洋资源优势 建设海洋经济强省》的重要讲话，将海洋经济战略纳入"八八战略"进行全局性考虑。把建设海洋经济强省作为进一步发挥资源优势、拓展发展空间的战略决策，是浙江加快全面建设小康社会、提前基本实现现代化的重要举措。

但是，在"十五"时期，浙江海洋、海岛基础设施建设水平与大陆相比还存在较大差距。时任省委书记习近平敏锐地指出："基础设施是加快发展的重要条件，尤其是一些事关全局的重大基础设施项目，对区域经济的发展具有战略意义。如舟山的大陆连岛工程，洞头的半岛工程，都是'一通百通'的工程，可以迅速改善海岛居民的生产、生活条件，促进海岛经济的发展。"[1]

交通基础设施联通效应巨大，使交易成本大幅降低，迅速激活了欠发达地区的资源禀赋优势，打通了浙江沿海山区、海岛等欠发达县区海洋资源、旅游资源、产业资源与发达地区市场、资金的对接通道，促使静态禀赋优势迅速向动态竞争力优势转型升级。从经济数据看，"十五"期间浙江海洋经济总产出大幅增长，2005年全省海洋经济总产值达到3000亿元，增加值达到1000亿元，占全省GDP的比重上升到8%以上。与2000年海洋经济总产出660亿元、增加值257亿元相比，增长幅度十分明显。[2] 其中，杭州湾跨海

---

① 习近平. 干在实处 走在前列:推进浙江新发展的思考与实践[M].北京:中共中央党校出版社,2006:220.

② 浙江海洋经济强省建设成效显著[EB/OL].(2006-01-01)[2021-08-14]. http://www.gov.cnztzl2006-01/01/content_145018.htm.

大桥、温州洞头半岛工程、舟山大陆连岛工程"三大对接工程"发挥出巨大的先导作用。

二、高速联网，打造山海协作东西走廊

"人云蜀道苦难行，我到云间两脚轻"，即是曾被宋朝杜师旦比喻为"比蜀道还难行"的台州西部交通要道苍岭。经过改革开放以来的快速发展，浙江温州、台州等沿海城市经济发达、产业密集。21世纪初期，杭金衢高速、甬台温高速已相继建成通车。但是，由于受到雁荡山系的地理阻隔，温台沿海地区与金衢丽浙西南地区的交通通达条件滞后，使两大区域板块的经济协作成本高昂，成为台金沿线、金丽温沿线内陆地区发展的最大绊脚石。

为破解山海协作的重大交通制约，浙江省委、省政府提出"五大百亿"工程，主要目标即是到2007年底，全省陆域范围内铁路联结成网，高速公路县、市覆盖率75％以上。① 其中，金丽温高速、台金高速等跨越雁荡山系的高速公路，就是"五大百亿"工程的重点之一。

随着金丽温高速、台金高速在2005年、2008年相继建成，浙西腹部、浙东沿海山区与国家沿海高速、杭金衢高速等华东重要高速交通干道连线组网。高速公路的成网效应迅速显现，大大加快了人流、物流、资金流、信息流的流动，有利于实现区域间的资源共享与优势互补，推进浙江中东部地区统筹协调发展；彻底改变沿线内陆地区交通闭塞的"硬伤"，使其资源优势得以较好地转化为经济优势，特别是仙居，旅游业和农业发展迎来新的发展机遇；此外，也使得台州、温州等发达地区的影响力、辐射力随之增强。

---

① 宋小春.浙江 ICT 领域的商业机会[J].浙江经济，2006(15)：43.

以台金高速为例。台金高速跨台州、丽水、金华三市,途经临海、椒江、仙居、缙云、永康等五个县(市、区),经过临海、仙居、缙云、永康等地的 4 个国家 4A 级风景区,贯通后形成了一条旅游黄金线,把江南古长城、神仙居、永安溪漂流、高迁古民居、皤滩古街、缙云仙都、永康方岩等著名风景区串联成一线,为当地旅游资源开发、生态经济发展带来巨大拉力。

三、打通"最后一公里",建设康庄大道

相比高速公路、国道等区域高等级干线公路,山村、乡村等边缘地区的"最后一公里"交通条件相对更为滞后。落后的交通条件是导致"山里产品运不出去、山外技术引不进来"的直接原因,综合交通体系不完善、交通基础设施有效供给不足、交通运输融合不深等问题,成为欠发达地区加快发展的主要堵点、短板和物理"卡脖子"环节。可以认为,加快欠发达山区、农村的交通建设,是打开山区经济发展新局面的前提。

从数据来看,浙江省 2003 年还有 11 个乡镇未通等级公路,有 206 个乡镇的通乡公路仍为砂石路面,有 1.5 万余个村的通村道路是不足 4.5 米宽的简易公路,这些路不能通客运班车,还有 1000 多个村没通公路,[①]严重制约山区、农村地区与发达地区的人流、物流与信息流。

公路交通是浙西南山区对内、对外最主要的运输方式,基于这一实际情况,浙江把大力新建高速、国省道延伸线及复线、县乡道作为打通欠发达地区接受外部经济辐射的重要突破口。自 2003 年起,在浙江省委、省政府领导的重视下,浙江省交通厅提出加快

---

① 沈莲,方龙飞.浙江 5 年乡村康庄工程建设让 3500 万农民走上康庄大道[N].浙江日报,2008-01-09(13).

实施乡村康庄工程建设,并确定了总体目标:完成 55000 公里通乡、通村公路的建设和路基、路面改造;到 2007 年底,使全省行政村等级公路(准四级及以上)通村率从 57% 提高到 90% 以上,通村公路硬化率从 48% 提高到 80% 以上,通乡公路全部实现等级化和路面硬化。①

路通,则人流通、信息通,打开了山区经济快速发展的窗口。之前很多地处深山竹区、林区受交通成本制约的自然资源和农产品,因现在交通的改善,流通渠道的畅通,获得了较好的产品市场份额和价值,促进了欠发达地区尤其是乡村地区农民的增收,发展了农村经济。同时,便利的交通条件促进了欠发达地区的信息交流,使欠发达地区扩大了对外沟通交往程度,招商环境得到优化,能吸引更多产业资源投资,山窝里也能引来金凤凰,为后发追赶作出重要贡献。

以丽水为例。"十一五"期间,丽水市公路水路交通建设累计完成投资量是 202 亿元,是"十五"期间的 1.27 倍。其中公路建设投资达到 198.4 亿元,站场设施建设是 0.6 亿元,内河水运建设是 2.7 亿元,港口建设是 0.3 亿元。② 应该说经过"十一五"的建设,丽水市公路网络结构已经逐步完善,形成了由四条高速、一条国道和十二条省道组成的干线公路网,公路交通为丽水跨越式发展带来强大动力。例如,在 330 国道沿线,已相继出现丽缙工业园区、侨乡工业园区、石郭工业区,这些园区已成为支撑丽水跨越式发展的重要顶梁柱。

---

① 沈莲,方龙飞.浙江 5 年乡村康庄工程建设让 3500 万农民走上康庄大道[N].浙江日报,2008-01-09(13).

② 胡雪峰."四网"通达奠定跨越发展之基[N].丽水日报,2012-11-02(1).

四、引民间资金,共建山海协作之桥

山海协作工程涉及投资巨大,浙江省委、省政府提出"量力而行、尽力而为",除财政和国债外,针对民间资金丰裕的现状,决定充分发挥政府投资"四两拨千斤"的杠杆作用和对社会资金的导向作用,吸引民资和外资,带动多元化投资。如杭州湾跨海大桥总投资 118 亿元,项目资本金 41.3 亿元,其中民间投资占到项目资本金的 50.26%。[①] 同时为规范化建设,浙江出台实施《浙江省政府投资项目管理办法》,并积极探索建立科学的招投标机制、合理的土地征用机制等,以创新机制推动工程建设。

民间资本大规模进入基础设施领域,不仅解决了建设资金的来源问题,而且还在很大程度上解决了大型基础设施建设中的市场机制不完善的问题,提高了基础设施领域的投资效率,进而提升了基础设施项目本身的运营质量。

◆◆【案例 3-1】

连岛工程:对舟山发展形成一个根本性的推动

过去,因一水之隔,舟山海岛经济受到制约。跨海登陆、直抵彼岸,是舟山人心中的梦想。

1999 年舟山启动"大陆连岛"工程。最初是小规模建设。2003 年 1 月,习近平同志第一次到舟山调研时指出:"这是一个很重要的工程,连岛大桥如果建起来了,对舟山的发展是一个根本性的推动。"2004 年 9 月习近平同志再次到舟山调研时,明确要求连岛工程快马加鞭,争取早日建成。他说,建成以后,那就是"千里江陵一

---

① 邵平桢.民间资本托起杭州湾跨海大桥[J].四川党的建设(城市版),2004(2):14.

日还"了……将来会产生怎样的经济效益和社会效益，怎么估计都不会过分。

正是在习近平同志果断决策和积极推动下，连岛工程建设加快步伐。

随着由 5 座大桥组成的总长达 10875 米的大陆连岛工程的建设，舟山——这座千百年来一直孤悬海外的海岛正奇迹般地变为半岛。有千岛之城美誉的舟山还将进行以舟山本岛为中心、以主要大岛为节点的南北连岛工程。2003 年岑港大桥、响礁门大桥、桃天门大桥全部建成，2004 年完成扫尾工作。3 座大桥被称作大陆连岛工程一期工程，总投资 11 亿元。2005 年 2 月，舟山大陆连岛工程最为关键一环——金塘大桥、西堠门大桥项目获国家正式立项。作为大陆连岛工程二期工程，这是舟山有史以来最大的基础设施建设项目，总投资超过 100 亿元。整个大陆连岛工程建成后，舟山与宁波、杭州的车程距离将大大缩短，再加上已经建成的杭州湾大桥，舟山经杭州湾南岸到达上海的车程也将缩短到 3 小时，将使舟山更紧密地融入长三角经济圈。

2009 年 12 月 26 日，历经 10 年建设，我国最大的岛陆联络工程——舟山跨海大桥全线通车。舟山的公路网络实现与大陆公路网的"无缝对接"。舟山发展也由此掀开了全新一页——浙江舟山群岛新区、中国（浙江）自由贸易试验区先后挂牌，舟山港综合保税区、中国（浙江）大宗商品交易中心、舟山江海联运服务中心获批，波音 737 完工和交付中心、绿色石化基地、中澳现代产业园落户舟山。

案例来源：1.周咏南，应建勇，毛传来.一步一履总关情：习近平总书记在浙江考察纪实［N］.浙江日报，2015-05-30（1）.

2.刘刚，庄千慧.陆海联动新突破："蓝色浙江行"之四［EB/OL］.（2004-12-01）［2021-

08-14]. https://zjnews. zjol. com. cn/system/2004/12/01/003967958. shtml.

3. 张国宝. 舟山连岛工程建设决策始末[EB/OL]. (2018-12-18)[2021-08-14].
https://www. thepaper. cn/newsDetail_forward_2749265.

案例简析 >>>

以舟山大陆连岛工程为代表的"三大对接工程",显著突破了浙江沿海海岛、海岸欠发达地区与杭州湾发达地区的交通瓶颈,使交易成本迅速降低,为浙江搭建一个陆海联动的"发展之桥",使海洋资源由潜在资源向真实产业资源转化,海洋旅游、海洋运输、海洋能源等海洋产业迅速成长,驱动当地经济结构跨越式转型升级,带动当地居民生活水平内生发展与快速发展。

第二节　现代基础设施对接

公共服务一体化对提升民生福祉有重大意义。浙江省委、省政府《关于深入实施山海协作工程促进区域协调发展的若干意见》中提到,要在构建山区绿色能源网络、完善水利等基础设施体系等方面补齐基础设施短板,构建区域一体化发展新格局。

一、完善水利系统建设,实现水利建设提档升级

水是生命之源,是欠发达地区生活、生产最基本的保障之一,更是欠发达地区跨越式发展的基础。早在"十五"期间,省委、省政府就提出要进一步加大对欠发达地区水利建设的政策倾斜力度。全省各级水利部门以水利"十五"规划为指导,通过开展"防洪安全"、"水资源供给安全"和"水环境安全"三大保障体系建设,总投资达到 600 多亿元,在防汛抗旱、水利建设、水利管理等方面取得了较好的成绩。

　　"十一五"期间，基于"资源节约型"、"环境友好型"与"和谐社会建设"等要求的提出，全省欠发达地区水利发展改革在防灾减灾综合能力建设、科学开发利用水资源、水资源保护和水环境整治、节水型社会推进以及强化水利管理等方面进行重点改革。

　　以乐清为例。自 2007 年乐清和平阳确定结对开展山海协作工程以来，两地交流机制不断完善，合作领域不断拓展。乐清无论是在资金还是项目等方面都给予了平阳很大的帮助和支持。比如，"农村饮用水版"乐清·平阳山海协作顺利开展，以温州市水利局检查全市农村饮用水工作为契机，乐清市市政公用建设中心检查组深入平阳县 15 个乡镇、66 处偏远山区农村，对平阳县 2018 年至 2019 年单村供水工程进行了全面系统的检查。[①] 检查中，乐清专家对平阳县各单村供水站管理人员进行了细心的指导，同时对平阳县"美丽水厂建设＋物业化管理试点"的工作机制给予肯定，助力了平阳农村供水提升工程，进一步确保城乡同质饮水，实现两地双赢。通过这轮协作检查，平阳县水利局和乐清市市政公用建设中心建立了更加紧密的协作机制，推动了两地农村供水事业发展。

二、构建能源网络，推动山区高质量发展

　　浙江省委、省政府《关于深入实施山海协作工程促进区域协调发展的若干意见》中进一步指出，大力发展太阳能、生物质能等新能源和可再生能源，在光伏电站建设中依法依规对浙西南山区给予适当倾斜；支持 26 县重大能源项目建设，加快推进三门核电项

---

　　① 陈正好.携手打造"农村引用水版"乐清·平阳山海协作,助推我县农村供水达标提标[EB/OL].(2020-04-20)[2021-08-14].http://wzsl.wenzhou.gov.cn/art†4/20/art_1324818_42614261.html.

目建设,支持列入国家规划的县(市、区)建设抽水蓄能电站;加强26县能源基础设施网络建设,统筹油气输送通道和储备系统建设,推进实施全省天然气县县通工程,强化浙西南山区油气能源供应和保障。

以庆元为例。2020年,庆元县首个山海协作"光伏＋助农"项目在淤上乡淤上村建成并网发电。该项目位于淤上村村委会办公楼屋顶的光伏发电帮扶项目,是庆元县的山海协作县——长兴县出资建造的。总投资约30万元,据初步测算,该项目并网后将每年给村集体经济带来约3万元的稳定收益。与此同时,庆元县还在黄田镇黄坞村、屏都街道坑里村等村中选址,计划一期投入安装太阳能光伏发电项目面积约600平方米,可形成装机容量约80千瓦,25年光伏收益可达210万元。[①] 后续庆元县还将深入实施山海协作工程,进一步发挥山海协作工程的机制优势,探索结对帮扶新模式,充分结合庆元乡村产业发展特点,推进"光伏＋助农"项目,建设一批具体可操作、效益有保障的"光伏＋助农"项目,夯实农民增收致富的基础,促进农业增效和农民增收。

三、建立信息通道,填平数字鸿沟

除了历史和自然的原因之外,数字鸿沟问题是导致浙江省仍有一些地区处于相对欠发达状态的一个重要原因。信息不对称、信息观念薄弱、信息闭塞等数字鸿沟现象直接导致一些地区发展能力不足。一些农户虽有电视,能收看的频道却不多;不少学校有计算机,能上网的却很少;农户所需的信息,如农副产品的市场价

---

① 吴明标. 全县首个山海协作"光伏＋助农"项目并网发电[EB/OL]. (2020-03-29) [2021-12-08]. http://www. zjqy. gov. cn/art/2020/3/29/art _ 1229356029 _ 58713711. html.

格,农业新技术、新方法等,难以获得有效传播;甚至有些地方电话普及率还很低。所以,填平数字鸿沟是帮助欠发达地区脱贫致富的重要突破口。基于此,不少企业为此作出了很多努力。其中,作为浙江最大的移动通信企业——浙江移动,通过网络向广大农户介绍科技信息、市场信息,推介旅游资源、农副产品等信息,推进农村信息化。浙江移动在"授之以鱼"的同时,还"授之以渔",积极推动农村劳动力的培训,帮助农民提高信息知识水平,掌握新的技能。[①]

◆◆【案例 3-2】

现代"夸父"的逐日梦想

《山海经》载:夸父与日逐走,入日。渴欲得饮,饮于河、渭,河、渭不足,北饮大泽。

而今,在江山市山海协作工业园区,也有一位现代"夸父",为采撷来自太阳的能量而奋力奔跑。

"自 2006 年开始,我们一直致力于太阳热能发电开发,也取得了一系列重大突破性进展。"7 月 18 日上午,在浙江同景新能源集团,记者见到了该集团分管智能光伏电站建设的副总裁徐水升。

徐水升介绍,该公司研发的利用太阳热能发电装备现已基本成型,但 2013 年《国务院关于促进光伏产业健康发展的若干意见》出台之后,决心借政策东风,在继续研发光热发电的同时,先上光伏发电站项目。

"目前,集团首期投资 10 亿元、总装机 100 兆瓦的智能光伏电站,已在江山凤林、常山球川、龙游大街、柯城航埠等点位陆续开

---

① 浙江省人民政府经济技术协作办公室.山呼海应新跨越:浙江省山海协作工程纪实[M].杭州:浙江人民出版社,2005:192-193.

工,其中江山凤林、常山球川已经投产,另两处正在建设中。"徐水升说,首期只是探索阶段,集团目标是做光伏智能电站的领跑者,计划投资 100 亿元,建设规模 1000 兆瓦。

在江山市凤林镇株树村的山坡上,徐水升指着眼前 800 多亩的电池阵列板支架说:"它们可在电脑控制下,像向日葵般随日光转动,能提高 25%—30% 的发电量。"

徐水升介绍,这是第三代发电板支架,已从第一代的单轴转动升级到双轴转动,从 1 米多升高到 3.6 米。电池阵列板密度也做了调整,以确保充足的光线,且下面的农作物生长不受影响。

记者现场看到,在电池阵列板下,水稻、油茶等 10 多种农作物长势喜人。据了解,同景新能源已组建农业服务开发管理公司,聘请了多位农业专家,潜心打造高效农业综合开发模式。

从研发光热发电到上马光伏电站,从光伏电站建设到农光互补项目探索,从零起点进军太阳能行业到拥有四十多项专利……同景新能源每一个奔跑的脚步,都充满着艰辛与不易,也洋溢着成功的喜悦与快乐。

"压力很大,毕竟是投资 3 个多亿的项目。但听到一次性并网发电成功时,好多人高兴地流下了眼泪。"徐水升说,在建设光伏电站过程中,他最高兴的日子是 2014 年 9 月 12 日。这一天,江山凤林光伏电站一次性并网发电成功。

案例来源:王崇军."新常态　新亮点"系列报道:现代"夸父"的逐日梦想[EB/OL].(2015-07-28)[2021-04-05].http://cs.zjol.com.cn/system/2015/07/28/020759315.shtml.

案例简析 >>>

江山市自 2016 年被确定为浙江省"光伏小康工程"试点县以来,把发展光伏新能源作为重点培育的新兴产业之一,通过山海协作这一模式,把杭州正泰新能源等一些省内知名的光伏企业引到江山来投资。在江山市政府的引导下,许多闲置的屋顶变成"金山银山",家乡成为"绿水青山"。

第三节 新农村生活服务设施建设

为认真贯彻落实省委、省政府《关于推进欠发达地区加快发展的若干意见》和《关于全面推进社会主义新农村建设的决定》,充分发挥"山海协作工程"在社会主义新农村建设中的积极作用,加快推进欠发达地区的新农村建设,省协作办于 2006 年 9 月提出实施"山海协作工程·百村经济发展促进计划"。其主要思路是以"山海协作工程"中有结对任务的发达县(市、区)为带动方,筛选基础条件较好的部门、单位或企业,在欠发达县(市、区)选择 100 个行政村(社区),进行重点帮扶和指导,着力帮助结对村理清发展思路,促进农村经济有较大发展、农民收入有明显提高,并在力所能及的情况下,对结对村的基础设施、文化、体育、卫生等项目建设给予一定支持。

一、"双下沉、两提升",共建新农村优质医疗资源共享

加快经济欠发达地区卫生医疗事业发展,逐步缩小城乡卫生差距,使全省居民人人享有均等化的基本卫生保健,是牢固树立和落实科学发展观,构建社会主义和谐社会的重要内容,是实现浙江经济社会全面、协调、可持续发展的具体实践。[①]

全省欠发达地区人口占全省人口的 24% 左右,2004 年有县级

---

① 浙江省人民政府经济技术协作办公室.山呼海应新跨越:浙江省山海协作工程纪实[M].杭州:浙江人民出版社,2005:187.

以上医疗机构83家,占全省的25%;有卫生院1023家,占全省的44%;卫生院职工人数为11234人,占全省的25%;县级以上医院资产额为40.83亿元,占全省的9.82%;卫生院资产额为8.64亿元,占全省的13.12%;床位总编制数为19709张,占全省的18%。2004年度卫生事业费拨款为3.6亿元,占全省的16.8%;人均卫生事业费为32.35元,与全省平均水平47.85元相比少15.5元;人均卫生资源为437.88元,与全省平均水平1060.39元相比少622.51元;人均拥有床位数为1.74张,与全省平均水平相比少0.71张。① 上述数据表明,浙江欠发达地区医疗服务网络体系基本健全,但硬件条件、资产实力、机构规模、人均卫生事业费、卫生资源与全省平均水平仍存在差异。

为推进"八八战略"再深化,根据《关于深入实施山海协作工程促进区域协调发展的若干意见》《关于印发〈山海协作专题合作组2018年重点工作计划〉的通知》等文件精神,深化"双下沉、两提升"政策,各地进一步加强卫生计生人才队伍建设,提升医疗卫生服务能力,加强医疗卫生合作,共同促进卫生计生事业发展再上新台阶。欠发达地区唱好"联"字经,着力打造医疗联合体,形成合作类型多样化、层次分明、体系完备、辐射广泛的医联体合作格局,为发挥区域医疗"龙头"和医共体"牵头"作用创造坚实的基础。

例如,2018年12月,平阳县与乐清市签订了为期3年的山海协作医疗互助合作协议,以"开放、创新、融合、共享"为合作思路,全面深化两地医疗技术合作,进一步推动优质医疗资源共享,完善"双下沉、两提升"政策,共同破解人民日益增长的美好生活需要和

---

① 孙飞翔,顾益康,李隆华.潜力浙江:山海经济发展新论[M].杭州:浙江人民出版社,2006:80.

不平衡不充分发展之间的矛盾,建立了深入推进发展理念互通、深化医疗改革经验交流、推进医疗质量管理、推进医疗学术交流、深入推进医疗产业多元化发展等资源互建互通机制。其中,乐清市北白象中心卫生院和平阳县凤卧镇卫生院是对口帮扶单位,是乐清市和平阳县山海协作卫生健康合作项目之一,北白象中心卫生院对凤卧镇卫生院的基础设施建设、流程再造、设备添置等进行资金援助,对临床诊疗、教学培训、学科建设、健康宣教等工作进行技术指导。下一步,平阳县卫健局与乐清市卫健局还将继续本着促进交流、合作共赢的愿景,加强山海协作,合力打造乐清·平阳医疗领域山海协作工程升级版,破解医疗卫生发展不平衡不充分的问题,进一步推动两地医疗领域的交流合作,满足两地群众对医疗卫生服务和健康生活的新需求。[①]

二、加大教育对口支持,共谋新农村教育发展

浙江欠发达地区抓住机遇,积极作为,加大投入,教育事业取得了长足的发展。欠发达地区基础教育事业的发展,有力地保证了全省基础教育业在全国长期处于领先水平。欠发达地区职业教育也有了很大发展,取得了明显成效,在提高劳动者素质、发展地方经济中发挥了积极作用。即便如此,欠发达地区教育事业仍有办学规模较小、教学设施配置不足、优秀师资外流、教育经费与发达地区差距相对较大等问题亟待解决。

根据浙江省委、省政府《关于深入实施山海协作工程促进区域协调发展的若干意见》,省、市、县三级教育部门统筹优质教育资

---

① 陈自力.乐清市卫健局、平阳县卫健局携手推进山海协作医疗领域合作项目[EB/OL].(2019-11-25)[2021-12-08].http://www.zjpy.gov.cn/art/2019/11/25/art_1401776_40481361.html.

源,加大教师交流培训力度,组织省内高校和优质中小学校轮流选派优秀教师到浙西南山区工作或开展培训,在职称评定上给予优先考虑;鼓励结对市、县(市、区)开展校际结对、联合办学、远程教育等多种形式的教育帮扶合作;在安排省级教育转移支付时,尽量向山区县倾斜;进一步增加山区 26 县本科定向招生计划;加大对农村地区教师职称评审的倾斜力度。

比如,宁波市教育局和丽水市教育局签订了《2019 年山海协作教育合作协议》。双方签订山海协作教育合作框架协议以来,在校际结对帮扶、教科研交流合作、校长教师交流培训、中高职衔接合作、高校交流、深化对口支援方面开展了良好的合作。为了进一步深化山海协作合作项目,双方将在加强互联网+教育、深化空中课堂建设、开展百所学校结对帮扶、推进百名教师结对导学、建立德育工作协作机制等方面继续深入开展合作,积极打造两地教育山海协作升级版。

◆◆【案例 3-3】

用心打造"山海协作"样板! 让开化群众获得更加优质的医疗服务

"病历为谁而写? 应该怎么写?"日前,记者在马金镇中心卫生院看到,来自杭州市临安区锦城街道社区服务中心的副主任医师吴雨雷正为医护人员开展医疗核心制度和门诊病历书写的业务培训,并指导医务人员开展规范查房。马金镇中心卫生院副院长汪景标告诉记者,自马金镇中心卫生院与临安区锦城街道社区服务中心结了对子,通过社区服务中心派出业务骨干来院长期指导,马金镇中心卫生院门诊业务量、规范化病房建设均得到了提升。

2018 年开化与上城区、建德市、临安区、桐乡市四个区(市)签订卫生计生山海协作合作协议以来，双方建立了互派学习机制，加强了信息互通，在绩效管理、队伍建设、"最多跑一次"、远程诊疗等方面建设资源互建共享机制。协作医院之间也结合当地社会发展情况、服务人口和医疗服务需求等因素，重点针对当地的疾病谱和薄弱科室，个性化制定支援的重点学科、帮扶目标；同时建立了考核评估机制，制定了具体支援、受援医务人员的年度任务，年终按照确定的帮扶目标定期开展自评。

同样，在县人民医院每周都有浙医二院的医联体专家前来坐诊、查房、手术，而县中医院也有浙江医院的医联体专家前来坐诊、查房，并前往医共体分院进行授课。特别值得一提的是，2019 年 5 月，在省市医院的帮扶下，县财政斥资 800 余万元成立县人民医院 DSA 专病中心并投入运行，使开化县级医院结束了不能开展心血管造影、支架介入治疗手术的历史，为广大患者带来了极大的便利。

引进先进设备、学习先进理念，在推进山海协作的过程中，县卫健局围绕"智慧健康、医联体、中医药特色专科、基础设施项目"等 6 大项内容，先后四次赴杭州上城、临安、建德等地进行对接，专门组队到上城区对接学习该区智慧签约、远程医疗等方面的先进经验；促成了浙医二院与县人民医院签订高水平医联体建设合作协议，并挂牌成立浙医二院开化分院，对开化肿瘤、介入医学等学科进行下沉帮扶。县人民医院也已派出医疗团队赴浙医二院进修学习，取得了 DSA 专病中心准入资格和 DSA 设备使用经验。

此外，县卫健局还成功争取到了浙江省科协、省中医药学会联合推行的中医创新驿站项目落户县中医院。县卫健局的相关负责人表示，下一步该局还将围绕需求强化对接，在引资、引才、引智方面下功夫,通过争取重点项目资金帮扶、争取开设中医特色培训班、争取引进"孕养"项目,更好地促进"健康开化"建设。

案例来源:开化发布.用心打造"山海协作"样板!让开化群众获得更加优质的医疗服务[EB/OL]. (2019-10-31)[2021-04-06]. https://zj. zjol. com. cn/red_boat. html? id=100467512.

案例简析 >>>

在建设社会主义新农村中,卫生工作最重要的任务就是努力改善农村医疗卫生条件。开展新农村建设以来,各地积极贯彻落实相关政策,巩固和健全农村医疗卫生服务体系和网络,改善农村卫生服务条件,减轻农民医疗费用负担,提高农民健康水平,全面提升和优化卫生与健康服务。

◆◆ 思考题

1."要想富、先修路"为什么不过时?交通等基础设施在促进欠发达地区加快发展过程中的功能与效应是什么?

2.如何统筹欠发达地区基础设施建设水平与政府财政能力实现可持续发展?

3.合理将社会资本引入基础设施公共品供给,对化解财政压力、提高供给效率具有重大现实意义,但具体政策与规制设计需要考虑什么?

◆◆ 拓展阅读

1.秦诗立.聚力新型城市化与山海协作建设协调发展"重要窗口"[J].浙江经济,2020(6).

2.习近平.之江新语[M].杭州:浙江人民出版社,2007.

3.谢剑锋.抢抓机遇建设高铁新城[J].浙江经济,2017(18).

绿水青山就是金山银山,阐述了经济发展和生态环境保护的关系,揭示了保护生态环境就是保护生产力、改善生态环境就是发展生产力的道理,指明了实现发展和保护协同共生的新路径。绿水青山既是自然财富、生态财富,又是社会财富、经济财富。保护生态环境就是保护自然价值和增值自然资本,就是保护经济社会发展潜力和后劲,使绿水青山持续发挥生态效益和经济社会效益。

——摘自《推动我国生态文明建设迈上新台阶》①

第四章　生态优先:绿色跨越发展

◆◆ 本章要点

　　1."绿水青山就是金山银山"是习近平同志在浙江工作期间提出的重要发展理念,将生态保护与合理开发相结合,其实质与最终目标是推动欠发达地区生态优势转化为经济优势,加快欠发达地区跨越式发展。

　　2.生态优势是欠发达地区的比较优势。通过"山海协作工程",山区借助沿海发达地区的技术、资本等外部帮扶,重视绿色生态资本,保护绿色生态环境,实现绿色生态资本增值。

　　3.保护与修复生态环境、厚植原有生态优势,是"山海协作工程"的重点内容,通过发展山区生态农业、生态工业与生态旅游业,实现产业帮扶向全产业链转化,促进山区人民就业增收。

---

　　① 习近平.推动我国生态文明建设迈上新台阶[EB/OL].(2015-07-28)[2021-04-17].http://www.qstheory.cn/dukan/qs/2019-01/31/c_1124054331.htm.

4. 生态环境、生态产品是最公平的公共产品,是"山海"最普惠的民生福祉。提升人民生态环境获得感、幸福感和安全感,打造多元主体共治、共建、共享的环境治理模式,是增进人民物质生活与精神生活的必由之路。

党的十八大以来,以习近平同志为核心的党中央把生态文明建设作为统筹推进"五位一体"总体布局和协调推进"四个全面"战略布局的重要内容。

山区和海洋的特色生态资源,就是欠发达地区的比较优势,保护好山区和海洋的生态环境,就是保护生产力。"山海协作工程",坚持在发展中保护、在保护中发展,充分利用欠发达地区生态比较优势、借助发达地区技术优势,将保护生态环境与合理开发结合,积极培育新的发展动力,加快生态资源优势转化为生态经济优势,打破"先污染后治理"的发展模式,实现"绿色跨越发展"。

第一节　绿水青山就是金山银山

"山海协作工程"实施以来,浙江始终坚持习近平同志的"八八战略"决策部署,坚定不移地践行"绿水青山就是金山银山"的发展理念,积极规划山区和海洋的保护、开发、建设,使得欠发达地区和海洋经济日益成为浙江经济的新增长点,促进了区域协调发展。目前,山区县与其他地区的发展水平明显缩小,实现了"脱贫摘帽"。浙江省委、省政府对山区 26 县不再考核 GDP 总量,转为重点考核发展质量、生态保护、民生保障等,同时继续发展生态经济,加快其成为浙江乃至全国的"绿水青山就是金山银山"转化典型案例。

一、浙江:"绿水青山就是金山银山"理念的发源地

乘着改革开放的春风,浙江安吉余村利用当地石灰岩资源建设水泥厂和石料厂,村民生活富裕了起来。然而,由于矿山开采,余村生态环境变得满目疮痍,富了腰包,坏了环境。在浙江实施"八八战略"后,余村决定关停矿山,转而发展生态经济。

2005年8月15日,时任浙江省委书记习近平到余村调研。听取了余村决定转型的汇报后,他对这种做法表示了赞许,并首次提出"绿水青山就是金山银山"的科学论断。2005年8月24日,习近平同志在浙江日报《之江新语》专栏发表文章《绿水青山也是金山银山》,明确提出:"如果能够把这些生态环境优势转化为生态农业、生态工业、生态旅游等生态经济的优势,那么绿水青山也就变成了金山银山。"①

浙江安吉余村作为"绿水青山就是金山银山"理念的诞生地,十余年来的发展生动地体现了这一理念。关停矿山、实行生态修复后,余村将"矿山"变为了"绿水青山"。依靠优美的竹林等生态资源,余村着力发展农家乐、民宿等生态旅游业,将"绿水青山"变为了"金山银山"。

浙江安吉余村是浙江十余年来深入践行"绿水青山就是金山银山"理念的缩影。改革开放后,经济发展情况较好的浙江率先遇到了经济发展与生态保护的矛盾。在这样的背景下,时任浙江省委书记习近平将建设生态省纳入"八八战略",浙江由此开始了"绿水青山就是金山银山"的实践之路。

---

① 习近平.之江新语[M].杭州:浙江人民出版社,2007:153.

二、"绿水青山就是金山银山"理念的思想内涵

"绿水青山就是金山银山"理念，是对生态环境保护和经济发展的形象化表达，两者不是对立的，而是统一的。"绿水青山就是金山银山"体现了党和政府大力推进生态文明建设的决心，绿水青山和金山银山不是对立的：一方面，机械地以牺牲环境为代价发展经济的"竭泽而渔"式的做法不可取；另一方面，一味地只保护环境而不发展经济的"缘木求鱼"式的做法也不可取。

"绿水青山就是金山银山"理念从长远视角出发，说明保护生态环境就是保护社会持续发展的基础。实践证明，不注重生态保护的发展是不可持续的。许多地区在发展初期，为了经济增长不惜破坏生态环境，日后修复破坏的生态环境需要花费的代价却比当初破坏环境换来的经济利益大得多，反而不利于长期发展。

绿水青山既是自然财富，又是社会财富，是欠发达地区内在的比较优势，是欠发达地区经济发展的潜力。"山海协作工程"的实施核心是发挥欠发达地区的生态优势，打开绿水青山转化通道，推动生态优势转化为经济优势，实现"跨越式"发展。2013年9月7日，习近平总书记在哈萨克斯坦纳扎尔巴耶夫大学发表演讲并回答学生们提问时提到："我们既要绿水青山，也要金山银山。宁要绿水青山，不要金山银山，而且绿水青山就是金山银山。"[①]落实"绿水青山就是金山银山"理念，利用欠发达地区生态环境的比较优势，打开绿水青山转化通道，有利于推动欠发达地区实现跨越式发展，有利于全面实施"山海协作工程"。

---

① 魏建华,周良.习近平发表重要演讲 吁共建"丝绸之路经济带"[EB/OL].(2013-09-07)[2021-04-17].http://www.xinhuanet.com/politics/2013-09/07/c_117272280.htm.

三、"绿水青山就是金山银山"理念的实现路径

"山海协作工程"的重要目标就是推动欠发达地区加快发展,实现浙江省区域协调发展。欠发达地区大多处于浙西南山区,拥有极为丰富的自然资源、旅游资源,但交通基础设施落后、营商环境恶劣、人力资本薄弱等转化障碍,制约着欠发达地区转化生态资源的效率。因此,畅通绿水青山转化通道将成为实现"绿水青山就是金山银山"的关键。"山海协作工程"秉持"绿水青山就是金山银山"发展理念,通过"山海"联动打通转化通道,实现生态优势转化为经济优势。

1.增值山区生态资本

2015 年 3 月,习近平总书记主持召开中央政治局会议,审议通过了《关于加快推进生态文明建设的意见》(简称《意见》),正式把"坚持绿水青山就是金山银山"写进中央文件。《意见》指出,要加快建立系统完整的生态文明制度体系,引导、规范和约束各类开发、利用、保护自然资源的行为,用制度保护生态环境。虽然山区的经济发展速度不及沿海发达地区,但是山区经济具有非常好的潜在经济增长点,体现在得天独厚的生态、土地等资源环境优势上。实践证明,"山海协作工程"将欠发达地区拥有的水土资源优势、自然资源优势、人力优势与发达地区的人才、资金、技术相结合,通过一定的商业模式和盈利方式,寻找"生态委托品"或"生态载体",将不容易计量或计价的生态资源转化为经济效益,为生态资源找到有效的价值实现机制,保护自然价值,增值自然资本,推动欠发达地区内生发展。

2.育强山区生态产业

过去,欠发达地区所生产的传统生态产品较为初级,产品附加值较低。"山海协作工程"借助市场机制,通过外部发达地区市场、

技术帮扶,大力开展"生态＋农业""生态＋工业""生态＋旅游业"等美丽经济,做强山区生态农业、生态工业与生态旅游业,延长产业链条,提高产品附加值。浙江注重挖掘产品的地域特色讲述品牌故事,对品牌产品进行质量管控,建设生态产品"无形资产",避免同质化竞争,提高生态产品辨识度与附加值。"山海协作工程"育强山区生态产业,把生态环境优势转化为发展优势,最终转化为经济效益。

3.普惠"山海"民生福祉

以人民为中心,扎实推进人民共享发展成果,普惠"山海"民生福祉,是"山海协作工程"的出发点与战略归依。良好的生态环境就是最普惠的民生福祉。"山海协作工程"坚持绿色发展与生态惠民相统一,通过提升人民生态环境获得感、幸福感和安全感,打造多元主体共治、共建、共享的环境治理模式,不断增进"山海"地区人民的民生福祉。

◆◆◆【案例 4-1】

安吉践行"绿水青山就是金山银山"理念

2005 年 8 月 15 日,习近平同志在这里考察时指出,我们过去讲既要绿水青山,也要金山银山,其实绿水青山就是金山银山。10多年来,安吉人像保护眼睛一样保护生态,凝聚起绿色发展的磅礴力量——2020 年,安吉实现地区生产总值 487.1 亿元,在疫情影响下,仍保持 4.3％的增长幅度。在安吉,绿水青山向金山银山转化通道越来越宽,展现出生态保护与经济发展双向并进,绿水青山与金山银山相辅相成、辩证统一的生动画面。

持之以恒,守护绿色家园。"绿水青山就是金山银山",10 多年来,在这一理念的指引下,保护好安吉的一山一水、一草一木成为共识。"保护是为了更高质量、更高水平的发展。"安吉县委书记沈铭权说,他们始终对标国际一流、不断拉高标杆,像保护眼睛一样保护生态,让绿色成为发展的底色。数据显示,多年来,安吉地表水环境功能区、出境交界断面水质达标率保持在100%,空气优良率、植被覆盖率分别在80%、75%以上,绿水青山正融入每个人的生活。

生态红利,催生美丽经济。安吉人爱讲三句话:"一竿翠竹撑起一方经济""一把转椅转出一大产业""一片叶子富了一方百姓"。这三句话,正是这些年安吉绿色发展的缩影。从坐吃山空、竭泽而渔的误区中走出来,当地在保护环境的同时,发挥自身生态优势,加速竹产业、椅产业、茶产业发展,努力实现经济生态化、生态经济化。环境与财富同步增值,绿水青山源源不断转化为金山银山。2020年,安吉城乡居民人均可支配收入分别达到59518元、35699元,分别增长4.5%和6.6%,跑出绿色发展加速度。

绿色自觉,带来美好生活。安吉人说,生态保护,最怕的就是看到绿水青山蕴含的经济价值后,不加以节制,再次走上消耗资源、损害环境的老路。为此,在"美丽经济"风生水起之时,当地倡导节水节电节材、垃圾分类投放等生活方式,设立县、乡、村三级讲习所,开设生态讲座、举行生态活动、普及生态知识,引导人们在享受绿色发展成果的同时,主动投身生态文明建设,让绿色成为内心自觉,使经济发展与环境保护进入良性循环。

2020年,习近平总书记再次到余村考察,看到村庄的变化,他说,余村现在取得的成绩证明,绿色发展的路子是正确的,路子选对了就要坚持走下去。

案例来源:沈晶晶,沈洁.绿色发展天地宽 安吉生态保护与经济发展双向并进[N]. 浙江日报,2021-03-24(5).

案例简析 》》》

2005 年,在安吉余村调研时,时任浙江省委书记习近平首次提出"绿水青山就是金山银山"理念。10 多年来,安吉从自身比较优势出发,始终坚持将环境保护与经济发展有效结合,进一步将生态优势转化为经济优势,走出了一条绿色发展之路,成为践行"绿水青山就是金山银山"理念的典型样本。

第二节　增值山区生态资本

重视山区绿色生态资本、保护生态环境、增值生态资本是"山海协作工程"的核心要义。保护山区生态资本,有序开发山区资源,避免走传统发展老路,是山区实现跨越式发展的有效路径。只有贯彻"绿水青山就是金山银山"理念,根植绿色生态优势,赋能生态资本,才能打通绿水青山转化通道,保证绿水青山长期源源不断地转化为金山银山,推动欠发达地区发展。2018 年 4 月,习近平总书记在深入推动长江经济带发展座谈会上提出"要积极探索推广绿水青山转化为金山银山的路径,选择具备条件的地区开展生态产品价值实现机制试点,探索政府主导、企业和社会各界参与、市场化运作、可持续的生态产品价值实现路径"①。浙江进一步实行生态产品政府采购、生态补偿、"两山银行"等措施,探索实现生态产品消费者付费、生态保护者受益的生态产品价值实现

---

① 习近平.在深入推动长江经济带发展座谈会上的讲话[N].人民日报,2018-06-14(2).

机制,使得保护好绿水青山就能带来经济效益,直接兑现绿水青山的财富价值。

一、数字赋能

浙西南山区现代化交通基础设施落后,数字基础产业布局不深,严重制约"绿水青山"转化效率。浙江借助"山海协作工程"平台,积极发挥发达地区数字经济优势,推进"互联网＋"模式,深入推进电商与农业、旅游业融合,突破资金、地域限制,有效整合资源、信息与市场。通过财政、税费、融资建设用地等方式,保证政策扶持力度;通过合理规划农村物流渠道、完善农村地区通信基础设施,保证电商发展的基础设施建设;通过支持农业相关的电商平台、企业,鼓励农村青年电商创业,培育农村电商主体。目前,"互联网＋"模式有效地变现了"绿水青山",增加了农民收入、激励了农民创业,推动了乡村振兴,打造了数字赋能"绿水青山就是金山银山"转化的样板。

遂昌县积极打造"天工之城·数字绿谷",依托"山海协作工程"平台,与阿里云、网易、中电海康、千寻位置、晶盛星河、HOLOVIS 等一大批头部数字经济企业开展合作,发挥数字经济赋能作用,加快打通绿水青山转化通道,为山区跨越式发展注入活力。据统计,2021 年上半年,遂昌县 GDP 同比增长 18.9％,增幅居浙江山区 26 县首位,固定资产、生态工业投资增幅等 14 项指标位居丽水市第一,39 项指标居全市前三,获得了巨大成效。

二、"两山银行"

"山海协作工程"借助发达地区技术、资本等方面的优势,为欠发达地区整合"绿水青山"资源、激发自然资本活力带来机遇。

浙江多地探索"两山银行"。2019 年,云和县成立全国首个"两山银行",推行"两山贷"生态信用贷款产品,支持为生态环境保护作出贡献的企业、个人。2020年4月,安吉县发布"两山银行"试点实施方案。安吉县的"两山银行"是从全县全域层面对生态资源进行收储、整合、交易的平台。首先,安吉利用卫星遥感、区块链等数字化手段,评估生态财富价值。其次,安吉引入社会资本和运营管理方,通过"两山银行"选择合适标的推向市场。此外,安吉开展生态产品交易机制、品牌体系、质量监管和考核机制等方面的创新探索,争取存入"绿水青山",取出"金山银山"。

三、生态产品政府采购

2020年10月,浙江发布了全国首部省级《生态系统生产总值(GEP)核算技术规范陆域生态系统》。GEP是指特定地域单元自然生态系统提供的所有生态产品的价值。生态产品价值核算旨在为绿水青山贴上"价值标签",是生态产品价值实现的基础。2019年,丽水市成为全国首个生态产品价值实现机制试点市。丽水市率先开展政府采购生态产品制度试点工作,探索建立根据生态产品质量和价值确定财政转移支付额度、横向生态补偿额度的体制机制。丽水市以县为单位建立"公共生态产品政府采购基金",对每个乡(镇)GEP中生态产品价值的年度增量,按一定的标准向各乡(镇)"两山"公司进行定向采购。"两山"公司负责全乡范围生态环境的保护和经营,各村以基准年GEP入股分红。例如,丽水景宁县大均乡2018年GEP核算结果较2017年同比增长了5.64%,按照GEP增量的2%比例,获得了景宁县政府生态增量付费专项资金188万元。[①] 政府采购资金将用于生态资源资产保护修复与整合转化、生态文明宣传、惠民帮扶等方面的工作,形成了生态环

---

① 雷金松.生态产品价值实现的丽水创新[J].中国生态文明,2021(1):72.

境保护越好、乡村发展就能有越多资金保障的良性循环。对于村民来说,保护好当地环境就能享受到 GEP 增值红利,每个人参与环境治理的积极性更高了。这一政策充分发挥政府、企业和村民的作用,真实地展现了"绿水青山"的价值。

四、生态保护补偿

生态保护补偿机制是生态文明建设的重要内容。2016 年,国务院办公厅印发了《关于健全生态保护补偿机制的意见》,搭建了我国生态保护补偿机制的框架体系。浙江注重建立健全多元化、市场化的生态补偿政策体系,促进补偿机制长效化、常态化发展。浙江较早开始建立生态补偿制度,2005 年在全国率先出台了省际层面的生态补偿办法,原则为"受益补偿、损害赔偿;统筹协调、共同发展;循序渐进、先易后难;多方并举、合理推进"。

浙江参加了全国首个跨省流域生态补偿机制试点,即浙江省和安徽省的新安江流域生态补偿机制试点。2005 年,浙江就与安徽进行了新安江流域生态补偿机制的洽谈。2012 年,浙江与安徽签署了《关于新安江流域上下游横向生态补偿的协议》,建立了横向生态补偿资金,每年中央财政出资 3 亿元,浙江、安徽各出资 1 亿元。若年度水质达到考核标准,浙江拨付给安徽 1 亿元;未达标准,则安徽拨付给浙江 1 亿元。

◆◆【案例 4-2】

浙江参加全国首个跨省流域生态补偿机制试点

有着"天下第一秀水"之称的千岛湖,不仅是浙江省的饮用水水源,也是长三角区域的战略备用水源。千岛湖一半以上的入湖水量、58%的集雨面积都在安徽境内,其水质好坏很大程度上取决于上游新安江的来水质量。新安江跨越了安徽和浙江两省,上下游如何履行好保护和治理的责任,一直困扰着两地政府。

早在2005年,浙皖两省就开始了建立新安江流域生态补偿机制的商谈。2011年,财政部、环保部牵头组织的全国首个跨省流域生态补偿机制试点在新安江启动实施。按照要求,浙皖两省环保部门每月监测一次两省交界处的新安江江段水质,为千岛湖上游水质评价提供基础数据,并按规定程序上报中国环境监测总站。

新安江流域水环境补偿资金为每年5亿元,其中,中央财政出3亿元,用于补助上游黄山地区水环境治理投入,浙皖两省各出1亿元。以两省交界处水域为考核标准,上游安徽提供水质优于基本标准的,由下游浙江对安徽给予补偿;劣于基本标准的,由安徽对浙江给予补偿。自跨省流域生态补偿机制试点以来,新安江流域的水质得到了改善,2011—2013年新安江流域总体水质为优,跨省界断面水质达到地表水环境质量标准Ⅰ—Ⅲ类。

案例来源:"绿""富"谋共赢:浙江探索生态补偿制度[N].光明日报,2016-06-22(3).

案例简析 >>>

生态环境资源是无价的。在传统的发展道路中,许多人把无价的生态环境资源当作免费产品随意使用,对生态环境造成了巨大的负担,带来了"公地悲剧"。浙江积极探索生态补偿制度,参加了全国首个跨省流域生态补偿机制试点,交出了美丽中国的浙江答卷。

第三节　育强山区生态产业

绿水青山中蕴含着经济财富,如果将生态优势与土地、劳动、资本等要素充分结合,发展生态经济,那么生态优势也就变成了经济优势。借助"山海协作工程"平台,欠发达地区充分利用丰富的生态环境资源这一优势,发展生态经济,实现生态优势转化为经济优势。一方面,欠发达地区传统产业进行生态化转变、延长产业链条,建立多层次的生态产品体系,大力发展生态农业、生态工业,提高产品的附加值;另一方面,欠发达地区注重结合地域特色对生态产品进行整体设计,通过挖掘产品的地域特色讲述品牌故事、对品牌产品进行质量管控,大力发展生态旅游业,避免同质化竞争。

一、发展生态农业

优质的绿水青山最直接的变现手段是发展农业,特别是以生态为特色的农业。基于现代化高端科学技术与高效管理手段,生态农业瞄准绿色消费需求,能够获得比传统农业更高的经济效益。2005 年 1 月 7 日,时任浙江省委书记习近平提出大力发展高效生态农业,"符合浙江资源禀赋实际,也符合现代农业的发展趋势,是对效益农业的进一步提升"[①]。

"山海协作工程"准确把握欠发达地区的比较优势,利用其生态环境良好的特点,定位"高效生态、特色精品农业",给予欠发达地区农业帮扶,提高欠发达地区农产品附加值。例如,丽水莲都区峰源乡发展高山蔬菜的宅配生意。2013 年,丽水市农科院与莲都区政府签约建设峰源乡高山放心菜基地,自此峰源乡开始了特色、精品的生态农业之路。截至 2015 年,峰源乡高山蔬菜种植面积达 7000 亩,年产值约 3500 多万元,售价比市面上高出 1 倍

---

① 习近平.干在实处 走在前列:推进浙江新发展的思考与实践[M].北京:中共中央党校出版社,2006:182.

多仍销售火爆。① 同时,"山海协作工程"为欠发达地区战略品牌的打造注入活力,通过强化农业品牌顶层设计和制度创设,持续推进农产品特色化、精品化、品牌化,打造了一批区域公用品牌、企业品牌和特色农产品品牌,如"仙居杨梅""遂昌菊米""松阳香茶"等。

◆◆ 【案例 4-3】

山海协作助力龙泉生态农业发展

杭州某超市的 24 个蔬菜专柜里,新鲜码列着带有"龙泉绿"品牌标识的高山蔬菜,300 多公里外,龙泉市八都镇新村村的菜农毛月旺再也不用担心丰产不丰收的尴尬局面重演。目送着满载自家蔬菜的车辆驶出大山,向着 300 公里外的杭州飞驰而去,笑意从毛月旺脸上舒展开来。过去一窝蜂盲目生产、丰产不丰收的场景恍若隔世。

高温天里,农户不再愁销路,都市人也乐得尝鲜。这样一举多得的好事,得益于龙泉与萧山两地山海协作结出的新果实——两地农民合作经济组织联合会的牵手。

"本地蔬菜产业产品营销渠道不畅、品牌推广不足,是我们最为突出的短板。"龙泉市供销社主任范建伟说,"好山好水种好菜,但好菜如何卖好价"是困扰大山已久的烦心事。

今年 3 月,龙泉、萧山两地供销社在浙江率先签订战略合作框架协议:龙泉立足山区生态资源优势,提供种植基地与产品质量保证;萧山则立足市场优势,提供产品订单与市场营销保证。

---

① 谢盼盼.浙江农业践行"绿富美":将高效生态农业进行到底[EB/OL].(2015-05-30)[2021-04-17].https://www.chinanews.com/sh/2015/05-30/7311624.shtml.

如今在衢州、丽水地区农村,茶叶、中药材等近百个山海协作工程种子种苗基地和生态农业示范基地拔地而起,推动当地特色农业发展,并直接带动 26 县近万名低收入农户实现增收。

案例来源:邵燕飞,周禹龙,饶雨蒙.区域协调的浙江模式:绿色共享演绎升级版"山海经"[EB/OL].(2017-10-12)[2021-08-25].http://www.chinanews.com/cj/2017/10-12/8350621.shtml.

案例简析 >>>

"山海协作工程"充分把握龙泉生态资源优势与萧山市场优势,通过外部帮扶与交流,加强龙泉与萧山之间的内在联系,促使两地原有比较优势更优,探索形成一条可持续发展、互利互惠的新道路。一方面,"山海协作工程"为龙泉低收入农户带来就业机遇,实现收入增长;另一方面,"山海协作工程"为萧山带来了优质的农产品,打开了市场通道。

二、发展生态工业

坚守绿水青山、发展生态经济并不意味着不发展工业,工业仍然是支持经济长期发展的重要产业。"山海协作工程"结合"山"的资源、劳动力、生态等长处与"海"的资金、技术、人才等长处,以"腾笼换鸟、凤凰涅槃"的决心促进产业升级、摆脱粗放型增长,推动工业产业合作,走出一条合作共赢之路。2001 年,浙江省委、省政府发布的《关于加快欠发达地区经济社会发展的若干意见》明确指出,引导经济欠发达地区因地制宜发展先进制造业,集中力量扶持重点地区和重点企业。

既要"绿水青山"又要"金山银山",欠发达地区必须改变传统的粗放型发展道路,走高技术含量、低资源消耗、低环境污染的发展道路,才能将生态优势真正转化为经济优势。如衢州以绿色为宗旨发展保护衢州的生态优势,以优质的水源吸引了众多"水产业"在此落地,成为长三角地区最大的饮品生产基地。丽水立足2003年提出的"生态立市、工业强市、绿色兴市"的"三市并举"发展战略,统筹实施"工业三千亿行动计划""生态工业31576计划""丽水生态制造2025"等计划,探索生态工业发展之路。

◆◆【案例4-4】

龙游打造山海协作产业标杆园区

龙游—镇海山海协作产业园于2013年9月成立,由龙游、镇海两地政府合作共建,规划总面积6.5平方公里。结合两地传统优势产业和龙游良好的生态环境,产业园确立了特种纸深加工、绿色食品饮料、先进装备制造三大主导产业。截至2018年一季度末,产业园累计完成基础建设投入11.2亿元,落实土地指标并完成开发面积达5.6平方公里,占总规划面积的86%;"六横四纵"主干路网全面建成,水、电、气等生产要素配套齐全,"超级社区"等生活配套建设正在加快推进,产城融合发展框架基本搭建。

在全省山海协作产业园年度建设工作考核中,龙游—镇海山海协作产业园已先后获得3次一等奖、2次二等奖的佳绩。产业园已入园项目达24个,投资超80亿元,伊利集团、维达集团、中车集团、年年红集团等一大批行业领军企业先后在产业园内投资办厂。2017年度产业园实现工业总产值40.29亿元,实现税收1.32亿元,成为龙游工业经济建设的"主阵地"和转型升级的"重要增长极"。

2006年以来,龙游县共引进山海协作产业项目605个,实现投资274.9亿元。一批战略型、龙头带动型、产业型山海协作项目纷纷落户,总投资80亿元的龙天红木小镇、总投资31亿元的金励环保纸业、总投资 21.66 亿元的华邦古楼等重大产业类项目相继落地,形成良好的产业集聚态势。

案例来源:郑曦,张微.龙游打造山海协作产业标杆园区[N].浙江日报,2018-05-29(19).

案例简析 〉〉〉

借助"山海协作工程",龙游与镇海围绕生态工业发展,瞄准优势特色产业做大做强,高质量打造龙游—镇海山海协作产业园,走出了一条合作共赢之路。

"山海协作工程"为龙游带来了技术、资本与理念,带动了龙游县的经济发展,提高了地区人民的收入水平,加快龙游县的跨越式发展。

三、发展生态旅游业

生态旅游业是当前生态服务业的主要形态,是将绿水青山转化为金山银山的主要手段。浙江是最早提出实施全域旅游的省份,体现了浙江对于优美的生态环境的自信与把浙江整体建成一个"大花园"的决心。2002 年,西湖的免费开放让杭州整个城市成为一个景区。此后,全域旅游的理念在越来越多的市、县、区得到体现。浙江以"全域大景区、全省大花园"为发展目标,以"万村千镇百城景区化"工程、特色小镇、"百县千碗"乡愁产业等为抓手,整合全域生态旅游资源,将旅游与多种产业融合,走出了一条政府、市场共同探索全域化发展的道路。

2021 年,浙江省文化和旅游厅、发展和改革委员会等 6 部门联合印发了《关于加快推动山区 26 县旅游业高质量发展的意见》,其综合目标是,经过五年努力,山区旅游业实现跨越式高质量发展,建成生态底色美、文化氛围浓、旅游功能强、公共设施全、管理服务优的"诗画浙江"大花园。

"山海协作工程"立足于各个地方的特色,针对山区拥有的旅游优势,以生态旅游业作为联动一二三产业发展的纽带,推动欠发达地区加快生态旅游业发展,进一步将生态优势转化为经济优势。基于此,山区的民俗旅游、农家乐旅游、村落乡镇旅游、休闲度假旅游等生态旅游业态蓬勃发展,进一步扩大了欠发达地区农户的收入。

例如,淳安县立足自身的生态环境特色,坚持生态优先,将保护生态环境与经济发展相结合。淳安县成功打造了以千岛湖为核心的全域旅游景区,推行了农旅邮农产品电商销售模式,打造了"千岛湖"农产品区域公用品牌,落地了一大批绿色产业,不但实现了欠发达县"摘帽",更成为"绿水青山就是金山银山"转化的典型。

◆◆【案例 4-5】

桐乡全域旅游走出山海协作发展新路径

4 年多来,桐乡与开化携手并进,共同发展,先后签订了"山海协作生态旅游文化产业示范区"共建协议、采用了"一园多点"的生态旅游发展模式等方案及合作模式,进一步提升了两地的经济发展水平。

值得一提的是,开化县还邀请了 10 位桐乡市知名人士,10 位开化在嘉兴的乡贤担任开化全域旅游宣传推广大使,受到国家、省、市媒体的关注。为了能够更好地推进山海协作,展示良好的开化形象,桐乡还在乌镇酱鸭博物馆为开化设立了一个店面,专门用于展示和销售开化旅游商品,可以让更多的桐乡人了解开化、走近开化,熟悉"亲家"。

一系列活动的举办,正不断深化桐乡、开化两地的山海协作,增进两地人文交流。"搭平台、做推广、引客源、助项目……"桐乡市文化和广电旅游体育局相关负责人告诉记者，桐乡市和开化县开展山海协作以来，两地经济、文化等方面交流频繁，遵照"优势互补、合作共赢"的原则，通过开展两地旅游目的地互推、文艺交流互通、民生项目共建、文旅企业共赢等方式，走出了一条"大平台""连心桥""致富路"的文化旅游山海协作发展新路径。

案例来源：全域旅游"花"开桐乡！去年旅游收入 337.8 亿元［EB/OL］.（2020-01-22）［2021-08-12］. http://jx. zjol. com. cn/202001/t20200121_11601038. shtml.

案例简析 >>>

旅游是满足人民日益增长的美好生活需要的有效手段，生态旅游业是将"绿水青山转化为金山银山"的重要手段。借助"山海协作工程"，桐乡与开化的文化旅游合作，不仅促进了两地的人文交流，更促进了两地旅游业的发展。

第四节　普惠"山海"民生福祉

"山海协作工程"实施以来，欠发达地区始终坚持绿色发展与生态惠民相统一，不断提高内生发展动力，推动绿色生态优势转化为经济优势，完成从"外部输血"向"内部造血"的转换，不断改善人民生活水平。习近平总书记强调"良好生态环境是最普惠的民生福祉"，指出"既要创造更多的物质财富和精神财富以满足人民日益增长的美好生活需要，也要提供更多优质生态产品以满足人民日益增长的优美生态环境需要"。①

---

① 习近平.推动我国生态文明建设迈上新台阶［EB/OL］.（2015-07-28）［2021-04-17］. http://www. qstheory. cn/dukan/qs/2019-01/31/c_1124054331. htm.

一、提升人民生态环境获得感、幸福感和安全感

发展经济是为了民生,保护生态环境同样也是为了民生。党的十九大报告指出,人民美好生活需要日益广泛,不仅对物质文化生活提出了更高要求,而且在民主、法治、公平、正义、安全、环境等方面的要求日益增长。伴随着收入水平的不断提高,人民对于良好生态环境的需求越来越强烈。过去人民要求食物丰足,现在还要求食品绿色、安全;过去人民要求居有住所,现在还要求生活的环境空气清新、水源干净;过去人民要求经济发展,现在还要求有优美的环境以供休闲娱乐。

"千村示范、万村整治"工程是"绿水青山就是金山银山"理念在浙江基层农村的成功实践。2003 年,浙江省以农村生产、生活、生态的"三生"环境改善为重点,在全省启动"千万工程",开启了以改善山区农村生态环境、提高农民生活质量为核心的村庄整治建设大行动。十多年来,浙江省扎实推进"千万工程",造就万千美丽乡村,取得显著成效。2018 年,"千万工程"荣获联合国"地球卫士奖"中的"激励与行动奖",彰显了中国方案的世界价值。"千万工程"为我国乡村振兴提供了样板和范例,也为全球环境治理提供了中国方案。

"山海协作工程"最根本的利益诉求和价值体现就是实现区域内人民生活水平的提高,其最核心的思想在于推进"以人民为中心"的协同发展。保护绿色青山,厚植绿色生态资本,提高欠发达地区内生发展动力,缩小地区差距、实现共同富裕,才能使发达地区与欠发达地区共享发展成果,才能将生态优势转化为经济优势,才能提升人民生态环境获得感、幸福感和安全感。

二、打造多元主体共治、共建、共享的环境治理模式

党的十九大报告深刻指出,要构建政府为主导、企业为主体、社会组织和公众共同参与的环境治理体系。这为多元主体共治、共建、共享的新型环境治理模式提供了新的思路。"山海协作工程"倡导绿色发展理念,通过充分调动各类主体的力量,推动区域分治向区域一体化融合发展,形成共同的区域发展价值取向,建立互联互通、跨区整合的分工与合作关系,构建人人尽责的生态环境保护共同体,实现跨区域整体利益和子区域利益共赢,使发达地区与欠发达地区共享发展成果。

"山海协作工程"吸收社会资金参与环境治理,为此浙江设立了多个生态产业资金为生态建设融资。该类基金由政府主导设立并按市场化方式运作,通过政府资金的杠杆作用,引导金融资本和社会资本以股权投资等方式,投资到生态相关的产业。2015年,丽水市设立了第一支规模达10亿元的市级政府产业基金——浙江丽水生态经济产业基金。该基金按市场化方式进行运作,主要采取母基金直接投资和设立子基金两种运行模式,组建后重点投向信息经济、环保、健康、旅游、时尚、金融、高端装备制造等七大产业和农业农村发展。2020年,浙江省人民政府批准设立"两山"乡村振兴绿色发展投资基金。该基金由安吉县国有资本投资运营有限公司、浙江金控及社会资本分别出资,投资项目涵盖安吉县生态农业、旅游业等多个行业。

"山海协作工程"以绿色发展为核心,激励绿色行为,提高社会公众环保意识。浙江注重培养和激励社会公众参与保护绿水青山,培养绿水青山向金山银山转化的持久力量。2010年,浙江省设立了我国首个省级"生态日"——"浙江生态日",在每年6月30日推出不同主题宣传生态文明。此外,浙江省注重"世界环境日"、生

态音乐节、生态运动会、"最美环保人"评选等环保文化主题活动的宣传,以促进生态文明思想的传播。浙江省生态环境厅推广公众参与环境保护的模式,以提高公众的环境保护意识,引导更多公众履行环保责任,共同保护生态环境。

◆◆◆【案例4-6】

下姜村:生态好才有生活好

自2003年4月24日第一次到下姜村,习近平同志就一直惦记着下姜村的建设和发展。

乡村要振兴,生态环境必须先改善。很快,省农村能源办的专家到了,资金也落实了,村里建起了沼气池,厕所、猪圈、牛舍里的粪便污水,都流进了密封沼气池,村子干净了,村里的生态好了,村民们有了沼气用,上山砍柴的也少了。

在习近平同志的亲切关怀和指导下,短短两年多时间里,下姜村不但农业生产迎来了历史最好收成,人均收入增幅创下新高,而且在党员干部带头下,发展了1300多亩效益农业,全村拆违拆旧1.3万平方米,建起了溪畔公园,拓宽了1200米的村道,修建了两个污水集中处理池,36户村民住上了三层高的新楼房,民主测评村民对村"两委"干部的满意率达到100%。

"2005年3月22日,习近平同志第二次到我们村来调研,他看到村子周边的山因为村民砍柴烧炭变得光秃秃的,于是就临时召集村干部和村民代表开座谈会,会上跟我们说,要给青山留个'帽'。"尽管已经过去十多年,时任村委会副主任的杨红马仍清晰地记得当时座谈会的场景:"他说,既要金山银山,又要绿水青山,当时我们大家都觉得'很新鲜',但对我们启发也很大,后来村里开发山林经济,首先想到的就是要保护好山林植被。"

　　久困于贫困的下姜村,从此开始了基于绿水青山的从"穷脏差"到"绿富美"的蜕变之路:通过土地流转让村民从土地束缚中解放出来,然后引进资本发展绿色农业、生态农业、美丽农业,再以"原山""原水""原村落"为基础,深入推进农旅融合,并借着千岛湖全域旅游快速发展的东风,发展以农场采摘、登山康养为特色的旅游业和教育培训,先后培育猪栏餐厅、农事体验、手工展示、精品民宿等十余种业态,并成功创建 AAAA 级景区……2019 年,下姜村接待游客达 73.3 万人次,全村居民人均可支配收入也达到了39693 元,较 2003 年增长了 12 倍。下姜村已从曾经"土墙房,烧木炭,半年粮,有女莫嫁下姜郎"的落后村,华丽转身为"农家乐,民宿忙,瓜果香,游客如织来下姜"的示范村。

案例来源:郑晖,方琳.无限风光在下姜:寻访下姜村脱贫攻坚的故事[EB/OL].(2021-06-17)[2021-08-12]. http://www. hangzhou. gov. cn/art/2021/6/17/art_812262_59036642. html.

案例简析 >>>

　　下姜村位于浙江 26 个加快发展县之一的淳安县的枫树岭镇。经过多年发展积累和实践探索,下姜村成为我国脱贫攻坚、全面建成小康社会的典型代表。2021 年 2 月 25 日,在北京召开的全国脱贫攻坚总结表彰大会上,下姜村总支部委员会荣获"全国脱贫攻坚先进集体"。下姜村在脱贫致富的过程中没有忽视环境保护,而是注重打造生态宜居的乡村环境,提高了村民的幸福感。

思考题

1.如何理解"绿水青山就是金山银山"内在统一的辩证关系?

2.山区县通过发挥生态优势全面探索并走出了一条生态脱贫

的新路子,试分析欠发达地区通过"山海协作工程"实现"绿水青山就是金山银山"转化的路径。

3.产业发展是增强内生动力的重要内容,简述欠发达地区应如何结合地域特色发展山区生态产业。

◆◆ **拓展阅读**

1.孙飞翔,顾益康,李隆化.潜力浙江:山海经济发展新论[M].杭州:浙江人民出版社,2006.

2.习近平.干在实处 走在前列:推进浙江新发展的思考与实践[M].北京:中共中央党校出版社,2006.

3.习近平.之江新语[M].杭州:浙江人民出版社,2007.

带领人民创造幸福生活,是我们党始终不渝的奋斗目标。我们要顺应人民群众对美好生活的向往,坚持以人民为中心的发展思想,以保障和改善民生为重点,发展各项社会事业,加大收入分配调节力度,打赢脱贫攻坚战,保证人民平等参与、平等发展权利,使改革发展成果更多更公平惠及全体人民,朝着实现全体人民共同富裕的目标稳步迈进。

——摘自《在庆祝中国共产党成立 95 周年大会上的讲话》①

第五章　人民至上:促进山区人民群众共同富裕

◆◆ 本章要点

　　1.人民至上,是习近平同志在浙江工作期间推动的"山海协作工程"的重要理念,旨在通过发达地区对欠发达地区的帮扶与协作,提高人民生活水平和实现共同发展,使山区人民群众的获得感、安全感、幸福感全面同步提升。

　　2.教育、医疗健康、公共文化和社会保障等民生事业是"山海协作工程"的重点内容,也是政府和人民群众最为关切的核心领域。教育解决山区青少年从"有学上"到"上好学"的核心问题,亦是阻断山区贫困代际传递最为有效的方式之一。医疗健康、公共文化、社会保障在推进"山海协作工程"中扮演着不同的重要角色,

---

　　①　习近平.在庆祝中国共产党成立 95 周年大会上的讲话[M].北京:人民出版社,2016:18-19.

是缩小公共服务差距的重要环节。

3.切实提升山区人民收入水平,是实现山区人民群众生活水平提升的关键。劳动力转移培训、就业保障、社会福利等构成了提升人民群众收入的体系。

4.人力资本是推进"山海协作工程"最为关键的战略资源。"山海协作工程"围绕以"人"为核心,着力推动人口集聚,促进经济增长,加强人才开发和提升技术进步,造福于山区各领域发展,促进山区人民群众共同富裕。

人民至上,是建设中国特色社会主义,努力实现民族复兴大业的出发点和落脚点。"山海协作工程"的实施,充分体现了时任浙江省委书记习近平"以人民为中心"的治理理念。"山海协作工程"的"人民至上"理念及发展路径,始终围绕人民的切身利益和发展效益,通过推进教育协作、卫生协作、文化协作,切实缩小"山海"地区公共服务差距和促进山区人民就业增收,为"山海"人民群众共同富裕奠定坚实的民意基础。

第一节 "山海协作工程"彰显 "人民至上"的理念

实施"山海协作工程"是浙江省委、省政府为推进全省区域协调发展而作出的重大战略决策,旨在按照"政府推动、市场运作,互惠互利、共同发展"的原则,加强沿海发达地区与浙西南山区、海岛等欠发达地区在产业开发、新农村建设、劳务培训就业、社会事业发展等方面的项目合作,努力推进欠发达地区加快发展和发达地区产业结构优化升级，促进全省区域协调发展、同步实现现代化。[①]
以"人民至上"的思想推进社会事业协同发展是"山海协作工程"的
重要内容之一，也是增进人民福祉的关键行动。

一、"人民至上"的思想内涵

区域发展不平衡不充分问题受自然条件、社会、经济等诸多因
素影响形成，传统的"老少边穷"地区等都是典型的欠发达地区，而
欠发达地区为相对发达地区输送劳动力、农产品、能源等作出了全
局性和整体性的贡献。从社会主义本质特征来看，我们追求的发
展需要实现共享发展，最终实现共同富裕。"山海协作工程"的实
施理念，正是在区域内促进发达地区（海）与欠发达地区（山）的互
动协同，互帮互促，共同发展；最根本的利益诉求和价值体现就是
实现区域内人民生活水平的提高，其最核心的思想在于推进"以人
民为中心"的协同发展。浙江省 2002 年印发的《关于实施"山海协
作工程"，帮助省内欠发达地区加快发展的意见》明确要求，各地、
各部门要切实加强领导，紧密配合，落实责任，坚持政府推动、企业
为主、市场运作，以项目、劳务合作为重点，遵循市场经济规律，搞
好组织协调和牵线搭桥，积极实施"山海协作工程"，逐步形成多渠
道、多形式、多层次、全方位的区域经济合作格局，促进沿海发达地
区与浙西南山区欠发达地区的协调发展，共同繁荣。

2003 年，时任浙江省委书记习近平在宁波四明山革命老区学
习考察调研时曾指出："部分老区的贫困问题和欠发达问题，是受
自然、社会等多种因素长期影响而形成的，搞好老区建设和扶贫开
发，缓解和消除贫困，是社会主义初级阶段的战略性任务，必须持

---

　　① 漆雁斌，王刚.农业低碳发展：机制，困境，模式与制度设计［M］.北京：中国农业
出版社，2013：11.

之以恒,锲而不舍,一步一个脚印,扎扎实实地推进老区开发建设,搞好扶贫开发工作""要进一步落实扶持欠发达地区加快发展的各项政策。全面实施'山海协作工程'和'欠发达乡镇奔小康工程',抓紧抓好一批扶贫帮困项目的建设,加强老区基础设施建设。继续做好对口帮扶工作,加大财政转移支付力度,不断增加财政对老区开发建设的资金支持,大力发展教育、卫生、文化事业,努力改善老区人民的生产生活条件。要进一步开展为老区人民献爱心的社会援助活动。实行发达地区干部、教师和医务工作者到欠发达地区、到革命老区任职工作或轮换下派制度,采取多种形式为欠发达地区和老区提供人才、智力支持。通过组织党政机关、企事业单位和经济发达的市、县、乡、村同贫困的县、乡、村结对挂钩,有的放矢地开展援助活动,提高援助的实效"。[①]

2014 年,习近平总书记到福建调研时指出:"当年苏区老区人民为了革命和新中国的成立不惜流血牺牲,今天这些地区有的还比较贫困,要通过领导联系、山海协作、对口帮扶,加快科学扶贫和精准扶贫,办好教育、就业、医疗、社会保障等民生实事,支持和帮助贫困地区和贫困群众尽快脱贫致富奔小康,决不能让一个苏区老区掉队。"[②]

二、"人民至上"的民生践行路径

"山海协作工程"的重要目的是加快整体性的全面小康建设,覆盖城乡所有人口。当时,浙江省委、省政府意识到,推进全面小康社会建设,最为关键的是要突破民生短板,切实解决不同社会群

---

① 习近平.干在实处 走在前列:推进浙江新发展的思考与实践[M].北京:中共中央党校出版社,2006:208.

② 习近平在福建调研[N].人民日报,2014-11-03(1).

体民生保障问题。加快推进山海协作,促进欠发达地区发展,让欠发达地区人民过上宽裕的小康生活,是全面建成小康社会的基本要求,也是提前基本实现现代化的重要任务。在民生建设领域,"山海协作工程"既从经济发展整体性来考虑,也从具体单项领域来着手,始终践行着"人民至上"的实施路径。

1.缩小"山海"差距

"山海"差距是地区差距、城乡差距和不同群体收入差距的缩影,破解"山海"差距必须要树立和落实全面、协调、可持续的科学发展观,更加要基于以人民为中心的理念加快推进科学发展观。树立科学发展观,就是要坚持以经济建设为中心,更加自觉地推动社会主义物质文明、政治文明和精神文明协调发展,实现社会全面发展和促进人的全面发展,实现经济社会可持续发展。实践表明,浙江实施"山海协作工程",加强推动发达地区和欠发达地区联动协作,是促进地区、城乡、群体协调发展的有效举措,亦是缩小"山海"差距,加快推进欠发达地区跨越式发展的重要途径,更是践行新时代推进共同富裕的具体行动。

2.培育山区经济新增长点

浙江省委十一届四次全会提出要进一步发挥浙江的山海资源优势,努力使欠发达地区的发展成为经济新的增长点。从整体来看,浙江山区存在着资金流通不足、产业较为低端、高端人才较难集聚、交通便利性欠佳等不利因素,但也拥有劳动力丰富、自然生态好、基础设施加快建设、需求和发展空间大等优势。对于山区经济发展而言,需要通过发挥特色优势,培育新的经济增长点。"山海协作工程"的推进,有效将沿海地区和山区从系统上加快统筹,有利于产业布局、区域分工布局及拓展市场供需等开展,为全省区域经济增长带来了更加广阔的空间。一方面,资源配置在全省域范围内更加合理优化;另一方面,促进山区的生态优势和人力资源优势转化为资本优势。

3.促进共同富裕

共同富裕是社会主义的本质要求和奋斗目标。着力改善人民生活水平,提升人民的获得感、安全感和幸福感,同步实现"山海"共同富裕是践行习近平新时代中国特色社会主义思想的具体体现。

实施"山海协作工程",就是要通过发达地区和欠发达地区之间经济、社会、劳务等全方位的协作,推动欠发达地区加快发展,使欠发达地区人民群众的就业机会不断增加,收入水平持续提高,生活条件明显改善,使他们真正得到实惠,真正享受到改革发展的成果。[①]

◆◆【案例 5-1】

为了农民的健康

浙江农民的健康从来没有像今天这样受人关注。

2005 年,我省有 2400 万农民在政府资助下,参加了新型农村合作医疗,70％的农民得到了合作医疗制度的保障;各地政府按每位农民每年 15 元的标准,建立农村公共卫生服务专项资金,专门为农民购买基本的公共卫生服务;与此同时,从 2005 年起,全省所有参加合作医疗的 2400 万农民均可以免费享受两年一次的健康体检,此举开创了政府大规模为农民免费体检的先河。

新变化缘起新思路,新思路源于政府之责。

[①] 习近平.干在实处 走在前列:推进浙江新发展的思考与实践[M].北京:中共中央党校出版社,2006:211.

我省经济迅猛发展有目共睹。2004 年,地区生产总值达到 1400 亿美元,人均地区生产总值接近 3000 美元,农民人均纯收入更是居全国各省区之首。但相比之下,社会事业尤其是农村的卫生、教育发展相对滞后,"看得起病、有地方看病、少生病"成为农民最迫切的愿望。

没有健康,就没有小康;没有广大农民的健康,就没有全面的小康。统筹城乡发展,保障农民的健康,成为省委、省政府时刻萦系在心的一件大事。

省委十一届八次全会提出了建设"卫生强省"的战略目标,并把实施以提高农村公共卫生服务水平和推进新型合作医疗为重点的"农民健康工程"作为其中的重要内容。去年初,省政府还明确将"农民健康工程"列为 2005 年要抓的十个方面实事之一。

一系列新政策、新举措给全省农村卫生工作带来了巨大变化。

新型农村合作医疗全面铺开,越来越多的农民有了医疗保障。截至 2005 年底,全省已有 84 个县(市、区)实施了新型农村合作医疗,参保人数达 2400 万,加上从 2003 年我省实施新型农村合作医疗以来报销的费用,农民实际报销金额超过 16 亿元。杭州确定了"重点保大、适度顾小"的合作医疗报销形式,有 11 个县(市、区)能同时报销普通门诊费用;湖州设计了合作医疗、大病补助、医疗救助三条保障线,进一步提高了合作医疗的保障水平;宁波则在全市推行"住院统筹、大病救助、农村社区卫生服务"三位一体的运行模式,大大增强了合作医疗的吸引力。

农村公共卫生服务水平明显提高,农民足不出户就可享受到社区责任医生的服务。在淳安,全县大约 41 万农民的公共卫生服务,包括农民的健康教育、农村妇女儿童的保健以及重点疾病和重点人群的管理等被纳入政府花钱购买的服务项目中。同样,青田县从 2005 年起也开始对参加新型农村合作医疗的农村家庭免费提供妇幼保健服务,参保家庭的孕产妇和儿童,凭合作医疗证就可到当地医疗机构接受服务。目前全省大部分县(市、区)初步拟定了 2006 年农村公共卫生经费预算。

健康体检让农民受益更多。自 2005 年 8 月全省农村卫生工作会议宣布对农民实行每两年一次的免费体检以来,迄今为止,全省大部分县(市、区)都已初步安排好农民健康体检经费预算,部分县(市、区)已启动这项工作。开化县、宁海县分别为 10 万多农民进行了健康体检。衢江区是全省 25 个欠发达县(市、区)之一,2005 年 10 月起至今,该区已对 17.6 万名农民进行了体检,占参保农民的 63.7%。周家乡涼源村村民吴根英今年 48 岁,半年前她就感到腰不舒服,但一直没在意,医务人员在体检时发现她患了"右肾上腺肿块",建议她到镇中心卫生院动手术。开完刀,吴根英马上恢复了健康。体检,真正为农民的健康带来了福音。

为保障农民健康工程顺利实施,每年我省各级政府支出费用高达 16 亿元,其中省级财政拨出 5.5 亿元。这项实事工程受到农民热烈欢迎。许多农民说,现在的农民不但有低保,也开始有了医疗保障,我们和城里人越来越接近了。

如今,浙江推行的农民健康工程得到了国家有关部门领导的高度赞扬。卫生部部长高强认为,浙江实行的农民健康工程给全国农村卫生工作提供了宝贵经验。最近,中共中央办公厅、卫生部督查组对我省 2 个市和 4 个县(市、区)的农村卫生工作进行了督查,对这些地方的工作给予了高度评价。

案例来源:秦军.为了农民的健康[N].浙江日报,2006-01-09(2).

案例简析 >>>

　　浙江省将山区农民群众的健康问题摆在更加突出的位置，体现了"山海协作工程"人民至上的理念，将人民群众的健康问题作为践行以人民为中心的"山海协作工程"的重要路径。浙江通过新型农村合作医疗制度，将农民的健康纳入政府购买服务范围，并定期给农民做体检，为农民"看得起病、有地方看病、少生病"提供了有效保障。

第二节　缩小"山海"社会事业发展差距

　　加快山区公共服务发展，逐步缩小"山海"地区、城乡之间基本公共服务差距，使全省城乡居民人人享有均等化的基本教育、医疗卫生、文化体育等公共服务，是实现共同富裕的重要内容，是"山海协作工程"的根本目标之一。

一、教育事业"山海协作"

　　"山海协作工程"最初在 2001 年浙江省扶贫暨欠发达地区工作会议上提出，2002 年 4 月正式实施。"山海协作工程"是一种形象化的提法，"山"主要指以浙西南山区和舟山海岛为主的欠发达地区，"海"主要指沿海发达地区和经济发达的县（市、区）。"山海协作工程"遵循的主要原则是"政府推动、企业主体、市场运作、互利共赢"，即通过政府的鼓励、引导和推动，促使发达地区的企业和欠发达地区开展优势互补的经济合作，促使省直有关部门和社会各界从科技、教育、卫生等方面帮扶支持欠发达地区。

1. 教育是阻断贫困代际传递的治本之策

　　扶贫必扶智，治贫先治愚。推进浙江"山海"之间的教育帮扶与合作，是实现"山海协作"所需的人力资源保障中最为关键的内容之一。从教育协作促进人的发展视角来看，教育的功能就是赋予人知识、技能、价值观等，使之转化为自身素质和能力，实现劳动生产率的提升。马克思认为，教育平等是教育公平的基本内涵和本质要求，而人的自由和全面发展则是教育公平的最高理想；人要自由发展，"为改变一般人的本性，使他获得一定劳动部门的技能和技巧，成为发达的和专门的劳动力，就要有一定的教育或训练"[①]。再从教育协作与隔断贫困代际传递的关系视角来看，贫困的父辈将自身的贫困文化传递给子辈，子辈由于教育的缺失难以逃离家庭条件的约束，只能继承并重复父辈的贫困。因此，贫困犹如基因一般导致贫困家庭世代贫困，而教育则是破解贫困基因的重要依托和路径。[②] 习近平总书记曾多次发表关于"教育是阻断贫困代际传递的治本之策"的论述，提倡通过教育扶贫阻断贫困代际传递的理念已在其执政浙江和推动"山海协作工程"中得到广泛认可和应用。

其实，早在 20 世纪 90 年代初，时任宁德地委书记习近平就已清楚看出，要想彻底解决贫困，关键还是在于教育。他提醒干部说："我们已经看到了闽东经济的贫困，那么，教育是不是也'贫困'？把问题看得严重些，还是好的。"他还强调，必须把人才作为改革开放和经济发展所亟须的软环境中最为重要的一环来抓，"人才兴旺就是科技兴旺，经济兴旺。经济靠科技，科技靠人才，人才靠教育。教育发达—科技进步—经济振兴是一个相辅相成、循序递进的统一过程，其基础在于教育"[③]。

---

① 马克思，恩格斯. 马克思恩格斯全集：第 44 卷[M]. 中共中央马克思恩格斯列宁斯大林著作编译局，编译. 北京：人民出版社，2001：200.

② 袁利平，丁雅施. 教育扶贫：中国方案及世界意义[J]. 教育研究，2020(7)：25.

③ 习近平. 摆脱贫困[M]. 福州：福建人民出版社，1992：128-129.

习近平总书记时刻牵挂着"老乡小康",多次强调西部地区、革命老区等为新中国建设不惜代价,而当前这些地区的贫困问题必须引起全国的关注与支持。他强调要通过领导联系、山海协作、对口帮扶,加快科学扶贫和精准扶贫,办好教育等民生实事,支持和帮助贫困地区和贫困群众尽快脱贫致富奔小康。让贫困山区和西部地区的青年更多地接受高等教育,成为习近平总书记提出的通过培养人才实现扶贫开发的关键任务,也是阻断贫困代际传递的重要途径。[1]

习近平同志很早就提倡,必须站在经济、社会发展的角度来思考教育问题,即用新的教育观来衡量教育是否充分发展,不再是过去那种就教育论教育,而是把教育问题同经济、社会的发展联系起来,看这个地方的教育是不是适应并且促进了本地区经济、社会的发展。[2]

浙江山区抓住机遇,加大投入,促进教育事业取得了较大的发展。山区基础教育事业的发展,有力地保证了全省基础教育事业在全国长期处于领先地位。山区职业教育也有了很大发展,取得了明显成效,在提高劳动者素质、发展地方经济中发挥了积极作用。

2."山海协作"教育发展回顾

习近平同志在浙江工作期间,通过实施"山海协作工程"对山区教育提供帮扶与合作,同时,全省各级各层面加大教育经费等对山区的投入力度,不断增强山区教师队伍力量,优化学校结构布局,促进了山区教育各项指标显著提高。

---

① 辛越优,林成华,蒋红霞.习近平总书记关于教育的重要论述的内涵及特点[J].中国高等教育,2019(1):9.

② 习近平.摆脱贫困[M].福建人民出版社,1992:128.

从教育投入来看（见表5-1），财政教育事业费增长迅速。2001年，全省财政教育事业费投入93.32亿元，其中26个加快发展县合计投入16亿元，占全省比例为17.15％，且每个县平均仅有0.64亿元。到2006年，全省财政教育事业费投入达232.93亿元，增长了149.6％；其中26个加快发展县合计投入达42.09亿元，增长了163.1％；占全省比例从2001年的17.15％增长到18.07％；每个县平均也从2001年的0.64亿元增长到1.75亿元，增长了173.4％。由此可见，实施"山海协作工程"的5年间，浙江省对山区教育事业的投入增长了一倍多，也表明了习近平同志主持浙江工作的5年对教育事业给予了较大的关注，并将教育作为"山海协作工程"的重要内容来抓。

表5-1 2001年和2006年财政教育事业费支出情况

	2001年	2006年
全省总计	93.32亿元	232.93亿元
26个加快发展县合计	16亿元	42.09亿元
全省平均	1.31亿元	3.43亿元
26个加快发展县平均	0.64亿元	1.75亿元
26个加快发展县占全省比例	17.15％	18.07％

数据来源：《浙江统计年鉴2002》《浙江统计年鉴2007》。

从教育规模来看（见表5-2），各级各类学校学生规模增长十分明显，山区教育的普及率显著提高。2001年，全省高等院校、中等专业学校、普通中学、小学在校生规模分别为293078人、129261人、263万人和346.28万人；其中26个加快发展县合计分别有12089人、37566人、56.16万人和75.93万人，占全省比例分别为4.12％、29.06％、21.35％和21.93％，且平均每类学校在校生规模

表 5-2　2001 年和 2006 年浙江省各级各类学校在校生规模情况

	2001 年				2006 年			
	高等院校（人）	中等专业学校（人）	普通中学（万人）	小学（万人）	高等院校（人）	中等职业学校（人）	普通中学（万人）	小学（万人）
全省总计	293078	129261	263	346.28	746994	718401	262.32	339.43
26 个加快发展县合计	12089	37566	56.16	75.93	31210	134405	54	68.79
全省平均	4127.86	1820.58	3.70	4.88	10985.21	10564.72	3.86	4.99
26 个加快发展县平均	483.56	1502.64	2.25	3.04	1248.40	5376.20	2.16	2.75
26 个加快发展县占全省比例	4.12%	29.06%	21.35%	21.93%	4.18%	18.71%	20.59%	20.27%

数据来源：《浙江统计年鉴 2002》《浙江统计年鉴 2007》。

分别为 483.56 人、1502.64 人、2.25 万人和 3.04 万人。到 2006 年，全省高等院校、中等职业学校、普通中学、小学在校生规模分别达 746994 人、718401 人、262.32 万人和 339.43 万人，高等院校在 5 年间增长了 154.9%，而普通中学和小学总体规模略有下降，这与人口出生率有关；其中 26 个加快发展县合计分别达 31210 人、134405 人、54 万人和 68.79 万人，占全省比例分别为 4.18%、18.71%、20.59% 和 20.27%。5 年间，26 个加快发展县高等院校在校生规模增长了 158.2%，超过了全省整体增长水平，这是全省对山区高等教育加大支持的效果。与此同时，全省大力发展各类教育，山区人口加快外迁，基础教育学生规模有所下降，但整体上对人力资源的培养有了较大提升。

从成效来看，在"山海协作工程"的直接或间接影响下，山区教育发展成效较为明显。一是学校硬件条件显著改善。2004 年末，山区小学、初中、高中生均占地面积分别为 16.17 平方米、23.42 平方米和 38.93 平方米，生均校舍建筑面积分别为 5.86 平方米、7.60 平方米和 14.59 平方米，与同期全省平均水平相当。二是学校布局调整力度加快。如，2004 年末，山区有小学校数 1950 所，比 2002 年减少 34.2%，高于全省 24.7% 的减幅；校均规模 361 人，比 2002 年增加 45.6%，高于全省 32.8% 的增幅。三是基础教育阶段教师素质显著提升。2004 年末，山区小学、初中、高中每位专任教师生师比分别为 19.2 人、16.4 人和 17.1 人；义务教育阶段的小学和初中教师达到专科以上学历的分别占 49.8%、95.9%，高中专任教师达到本科以上学历的占 85.7%。四是职业教育发展促进就业效果较好。2000—2004 年间，26 个经济欠发达县（市、区）和 5 个海岛县中等职业学校校舍建筑面积从 95 万平方米增加到 173 万平方米,增长 82.1%;学校仪器设备总值从 12887 万元增加到 19547 万元,增长 51.7%;5 年间共有 20 多万人通过中等职业教育实现就业。[①]

3."山海协作"教育发展的思路及经验

浙江"山海协作"推进教育发展的思路主要体现在:一方面,强调山区自身主动努力与外部倾斜支持相结合;另一方面,重视农村薄弱学校建设、加快撤点并校和通过远程教育提升乡村教育质量;再一方面,加大转移支付力度和解决弱势家庭子女就学等。

在"外部输血"和"内部造血"的双重举措下,浙江山区教育获得了较快的发展,具体的一些主要做法经验值得总结和借鉴。

一是提高山区财政转移支付对教育领域的支持力度。全省实行教育财政转移支付制度,每年落实相对固定的教育转移支付 10 亿元,其中省本级安排 4 亿元,重点加强对山区九年义务教育的支持。省政府每年安排 8000 万元用于山区扶困助学、师资培训、布局调整、危房改造和现代信息技术教育等。[②]

二是推进义务教育学校标准化建设。根据浙江省《九年制义务教育普通学校建设标准》要求,在整体推进标准化学校建设中,重点扶持山区和农村学校的改造建设,优先向薄弱学校建设、危房改造和农村学校生活设施改善等方面倾斜。[③]

三是实施远程教育工程以促进教育优质资源共享。通过信息

---

① 孙飞翔,顾益康,李隆华.潜力浙江,山海经济发展新论[M].杭州:浙江人民出版社,2006:76-77.

② 孙飞翔,顾益康,李隆华.潜力浙江:山海经济发展新论[M].杭州:浙江人民出版社,2006:77.

③ 孙飞翔,顾益康,李隆华.潜力浙江:山海经济发展新论[M].杭州:浙江人民出版社,2006:77.

技术手段，使山区与发达地区同步享受优质的教育教学资源。从2004年到2007年，省财政每年安排1000万元专项经费扶持山区的远程教育工程建设。[①]

四是强化教师专业发展。2002—2005年，省财政每年安排2000万元，帮助受援地区设立名教师、名校长培养专项资金，支援受援地区引进和培养优秀教师；高等师范招生计划安排向受援地区倾斜。[②]

五是大力开展教育对口支援。浙江省人民政府办公厅于2002年5月下发了《关于开展教育对口支援工作的实施意见》。截至2006年，支援地区共向受援地区援助资金4120万元，向受援地区派遣骨干教师和骨干校长；浙江省中小学教师培训中心、浙江省教育行政干部培训中心分别为欠发达地区培训了骨干教师3445名和8109名。[③]

◆◆【案例5-2】

宁波诺丁汉大学结对景宁"教育扶贫" 畲乡孩子将学到地道英语

"畲乡孩子可以学到地道的英语了。"宁波诺丁汉大学执行校长高岩教授和丽水景宁畲族自治县代表在"教育扶贫"协议上签完字后，景宁县教育局副局长钟海利激动地说。

宁波诺丁汉大学是一所全英式教学模式的中外合作大学。而

---

① 孙飞翔,顾益康,李隆华.潜力浙江:山海经济发展新论[M].杭州:浙江人民出版社,2006:77.

② 孙飞翔,顾益康,李隆华.潜力浙江:山海经济发展新论[M].杭州:浙江人民出版社,2006:77.

③ 孙飞翔,顾益康,李隆华.潜力浙江:山海经济发展新论[M].杭州:浙江人民出版社,2006:77.

目前景宁的教育事业仍落后于全省的平均发展水平,其中英语教育问题尤为突出。根据协议,从2006年开始,每年七八月份,景宁将安排30至40名中学老师前往宁波诺丁汉大学,接受为期两周的英语口语和教育技能的培训;宁波诺丁汉大学将在暑假安排优秀的学生前往景宁,对小学英语老师进行口语培训;同时宁波诺丁汉大学还将在周末对景宁的公共管理人才进行国际商务、国际管理等培训。

"大学应该为社会作出贡献,应该承担更多的社会责任。"宁波诺丁汉大学负责人表示,希望将来能为畲乡的孩子们提供更多学习英语的机会。

案例来源:蒋一娜,张柯峰.宁波诺丁汉大学结对景宁"教育扶贫"畲乡孩子将学到地道英语[N].浙江日报,2006-01-02(1).

案例简析 >>>

教师是山区教育发展的关键因素之一,教育结对帮扶,大多都以对教师的培训培养为主要方式。山区教育的最大短板往往在英语科目,且师资不足和质量水平不高是最为明显的。宁波诺丁汉大学利用其外国语言优势资源和力量,通过跨区域教育扶贫,为景宁县培训英语教师及部分管理人才,有效体现了高等教育帮扶基础教育的最佳途径之一,也彰显了大学的人才培养与社会服务功能。

二、卫生事业"山海协作"

卫生事业是关乎人民生命健康,保障人民健康生活的重要民生事业。"山海协作工程"推进卫生事业关注全生命周期的健康,从硬件支撑到软件协同再到全领域的共建共享,有效彰显了发达地区对山区的健康帮扶和支持。

1.山区卫生事业发展回顾

从支撑卫生健康事业发展的医院卫生院数量、医院床位数量、医生数量等指标来看(见表 5-3),习近平同志在浙江工作期间,卫生事业在"山海协作工程"的推进下,也有了较大成效,为人民健康生活提供了有力的保障。2001 年,全省有医院卫生院 3008 个、床位 109634 张、医生 76905 人;其中 26 个加快发展县合计有医院卫生院 1109 个、床位 17522 张、医生 11736 人,每个县平均分别为 42.65个、673.92 张、451.38 人。到 2006 年,全省有医院卫生院 3343 个、床位 138737 张、医生 94524 人,分别增长了 11.14%、26.55%和22.91%;其中 26 个加快发展县合计有医院卫生院 894 个、床位21372 张、医生 16718 人,医院卫生院个数受城镇化影响进行了布局优化和调整,而床位数和医生数则分别增长了 21.97%和 42.45%。

从具体的县份卫生事业发展成效来看。到 2006 年底,医院卫生院仍保持较高增长的分别是淳安县增长了 70.59%,磐安县增长了 26.09%,缙云县增长了 8.89%;5 年来,各县医疗卫生床位数普遍大幅增加,增幅超过 20%的包括苍南县(121.95%)、缙云县(86.17%)、永嘉县(40.81%)、磐安县(28.38%)、江山市(25.91%)、仙居县(21.86%)、开化县(20.33%);同时,各县强化医生的引进与培养,及时补充医疗卫生队伍实力,5 年间各县医生数量变化较大,其中增幅超过 30%的有永嘉县(109.22%)、常山县(75.54%)、江山市(69.60%)、龙游县(56.38%)、磐安县(50.90%)、天台县(44.61%)、三门县(37.79%)、青田县(35.64%)、泰顺县(31.78%)。[①]

---

① 根据《浙江统计年鉴 2002》和《浙江统计年鉴 2007》相关数据计算而得。

可见,推进"山海协作工程"以来,山区县受惠于帮扶的同时,也通过自身努力,强化了卫生事业的发展。

表5-3　2001年和2006年浙江省卫生事业主要指标

	2001年			2006年		
	医院卫生院数（个）	医院卫生院床位数（张）	医生数（人）	医院卫生院数（个）	医院卫生院床位数（张）	医生数（人）
全省总计	3008	109634	76905	3343	138737	94524
26个加快发展县合计	1109	17522	11736	894	21372	16718
全省平均	42.37	1544.14	1083.17	49.16	2040.25	1390.06
26个加快发展县平均	42.65	673.92	451.38	35.76	854.88	668.72
26个加快发展县占全省比例	36.87%	15.98%	15.26%	26.74%	15.40%	17.69%

数据来源:《浙江统计年鉴2002》《浙江统计年鉴2007》。
注:2001年26个加快发展县的医院数据包括卫生院;2006年全省医院数据包括医院、卫生院和门诊部。

2."山海协作"卫生事业发展的主要经验

实施"山海协作工程"以来,浙江始终将人民群众的健康放在首要位置,进一步强化"病有所医"的各方面资源配置,以解决人民最为关心的看病难、看病贵等问题。在整体思路上:首先,千方百计加大对医疗卫生领域的投入力度,进一步夯实卫生硬件条件的基础;其次,着力解决卫生人员欠缺、医疗技术不高、医疗信息不畅等长期存在于山区的卫生短板问题;再次,将卫生帮扶作为民生领域的重点任务,加强发达地区对山区的卫生帮扶工作。总体来看,"山海协作工程"中的卫生事业发展主要有以下经验。

一是通过财政转移支付,加快改善卫生设施条件。在实施"山海协作工程"期间,浙江省充分发挥省级财政统筹与杠杆功能,通过转移支付的方式,及时补充对山区卫生事业的投入。据统计,5年间累计向全省欠发达县(市、区)转移支付省级财政资金19289万元,占同期省级卫生转移支付总额的44.41%;同时,把握全省实施"五大百亿"工程的契机,运用国债资金,大力推进山区公共卫生投入。[①]

二是加大发达地区对山区卫生事业的帮扶力度。浙江充分利用"山海协作工程"系列活动、科技文化卫生"三下乡"和"健康海岛行"等多种平台和载体,形成了政府主导、社会参与、多元投入、共同支持的帮扶机制。据不完全统计,5年间,全省各级医疗机构共组派了10771批次医疗队,支援器械药品价值约4075.3万元,举办医务人员培训班4292次,为各地基层医疗机构培训医务人员45万余人次,诊治农民348万余人次,组建或扩建村卫生室2737个,得到当地群众的好评。[②]

三是紧抓医疗卫生人员培养培训,切实增强卫生事业的服务水平。医生、护士等医疗卫生人员是保证卫生事业发展和提升医疗技术能力水平的最关键因素之一,"山海协作工程"扶持卫生事业发展将人才培养作为重要内容。浙江以支持经山区的医学继续教育工作为突破口,大力实施人才素质提升工程。至2004年底,为山区设立继续教育项目4个,送项目下乡33项,合计培训4184人;开展中医药继续教育项目14项,共培训中医药人员达2500余

① 孙飞翔,顾益康,李隆华.潜力浙江:山海经济发展新论[M].杭州:浙江人民出版社,2006:81.

② 孙飞翔,顾益康,李隆华.潜力浙江:山海经济发展新论[M].杭州:浙江人民出版社,2006:81.

人次；在省级培养计划中，为农村培养中医骨干 98 人。经过一系列的举措，山区卫生人才队伍整体素质提升、人才结构更加合理。[①]

四是构建"山海协作"卫生事业的长效机制。充分利用"山海协作工程"系列活动、科技文化卫生"三下乡"等公共服务平台，着力完善卫生对口帮扶机制和服务模式，转变"输血"机制为"造血"机制，逐步建立长期协作和整体协同支持的模式。

◆◆【案例 5-3】

磐安农民家门口看专家门诊

位于大盘山深处的磐安县方前卫生院通过和解放军 117 医院协作，5 年间让山区病人在家门口就能够看专家门诊。

数九隆冬，117 医院的医疗队又一次来到了方前镇。一下车，医生们就被前来就诊的当地农民围住了。因为 117 医院的不少医生已多次来过这里，许多农民已和他们很熟悉。像感染科主任朱飞燕，曾在这里住过整整一个月，周边的几个村庄她都曾巡诊过。

卫生院里的病人来了一拨又一拨。当地的村民来了，邻近乡镇的病人来了，连周边的天台、仙居也有病人赶来。"这样的'就诊直通车'好，对病人还全程服务。"方前镇后朱村的朱加森对专家到农民家门口门诊一个劲地夸奖。原来，朱加森曾在 117 医院住院治疗，所有手续都是由卫生院给办好的。他说，夫妇俩从没出过远门，卫生院医生陪着到城里看病，提供了极大方便。

专家门诊办在农民家门口，让山区病人搭上"就诊直通车"。2000 年，117 医院刚和方前卫生院协作时，只是开展肝病专科服

[①] 孙飞翔，顾益康，李隆华. 潜力浙江：山海经济发展新论[M]. 杭州：浙江人民出版社，2006：82.

务,后来逐渐发展为多科室。2001年下半年起,方前卫生院和117医院商量后决定,凡是病人要上117医院诊治,只要到方前卫生院,就可挂号、预约专家,甚至送病人到医院的事都由卫生院包了。117医院政治处干部胡小平说,实现服务的前移,把卫生院作为他们的挂号窗口,等于为山区病人建立了"绿色通道"。

目前,磐安县在县属医院和乡镇卫生院结对帮扶的同时,县人民医院、县妇保医院还纷纷和浙医一院、省儿童医院等省市医院协作,把与上级协作医院纳入农村合作医疗定点医院的范围。除了定期或不定期请专家到磐安开展门诊之外,对碰到疑难病症或因限于技术条件无法诊治的病例,就立即启动"就诊直通车",病人到上级医院治疗可免办挂号等手续或由当地医院的医生陪同办理手续。

案例来源:陈一波,徐晓恩.磐安农民家门口看专家门诊[N].浙江日报,2006-01-02(1).

案例简析 〉〉〉

"就诊直通车"是通过卫生院、县医院与117医院"山海协作"的方式,将优势医疗资源及获得专家问诊的机会更多地提供给农民。这有效打通了山区群众直接享受优质医疗资源的路径,也体现了医疗协作的成效,构建了上下协同、内外协作的医疗对口帮扶模式和机制,使山区老百姓能够真正获得医疗卫生的实惠。

三、文化事业"山海协作"

在推进"山海协作工程"的过程中,不仅需要交通、产业等方向的"硬"帮扶,也需要文化等方面的"软"协作。文化是山区群众幸福生活不可或缺的精神内容,浙江加强对山区文化方面的投入和推进发达地区进行扶持,不断缩小"山海"地区的文化设施水平差距,使山区群众的获得感和幸福感日益增强。从文化发展的设施来看(见表 5-4),2001 年全省有剧场和影剧院 722 个,公共图书馆藏书 17730 千册,其中 26 个加快发展县有剧场和影剧院 223 个,公共图书馆藏书 2280 千册;到 2006 年,由于群众文化生活形式不断丰富,全省剧场和影剧院有所调整和缩减,但公共图书馆藏书量在不断增加,群众的阅读量也同步提升,26 个加快发展县藏书量增加了 614 千册;到 2019 年,全省公共图书馆藏书 94330 千册,比2001 年增长了 4.3 倍,26 个加快发展县的藏书量也达到了 12860千册,比 2001 年增长了 4.64 倍,基本上与全省同步。这体现了在文化方面,山区和发达地区的基本设施在逐步缩小差距,山区群众的文化生活日益丰富多彩。

表 5-4　2001 年、2006 年和 2019 年浙江省文化体育相关指标情况

	2001 年		2006 年			2019 年		
	剧场和影剧院数(个)	公共图书馆图书藏量(千册)	体育场馆数(个)	剧场和影剧院数(个)	公共图书馆图书藏量(千册件)	体育场馆数(个)	剧场和影剧院数(个)	公共图书馆图书藏量(千册)
全省总计	722	17730	481	303	24970	323	528	94330
26 个加快发展县合计	223	2280	79	43	2894	40	62	12860
全省平均	10.17	249.72	7.1	4.46	367.21	4.75	7.76	1387.21
26 个加快发展县平均	8.58	87.69	3.16	1.72	115.76	1.60	2.48	514.4
26 个加快发展县占全省比例	30.89%	12.86%	16.42%	14.19%	11.59%	12.38%	11.74%	13.63%

数据来源:《浙江统计年鉴 2002》《浙江统计年鉴 2007》《浙江统计年鉴 2020》。

从具体的县份发展来看(见表 5-5),整体上 26 个加快发展县在文化领域都取得了一定的发展,设施条件、文化人才等都有显著提升,群众也不断获得形式更多、内容更丰富的公共文化服务和产品。从公共图书馆藏书量分析来看,2001 年仅有 9 个加快发展县藏书量超过 100 千册,分别是永嘉县(180 千册)、衢州市区(169 千册)、龙泉市(165 千册)、丽水市区(143 千册)、苍南县(136 千册)、云和县(126 千册)、平阳县(117 千册)、仙居县(108 千册)、遂昌县(101 千册);到 2006 年,有 13 个加快发展县藏书量超过 100 千册,分别是衢州市区(477 千册)、丽水市区(184 千册)、龙泉市(172 千册)、平阳县(157 千册)、苍南县(151 千册)、永嘉县(144 千册)、云和县(136 千册)、武义县(122 千册)、仙居县(119 千册)、青田县(110 千册)、缙云县(107 千册)、遂昌县(101 千册)、淳安县(100 千册);到 2019 年,26 个加快发展县公共图书馆藏书量全部超过 100 千册,基本满足人民群众对图书的需求。

表5-5 2001 年、2006 年和 2019 年浙江省 26 个加快发展县文化体育指标情况

	2001 年		2006 年			2019 年		
	剧场和影剧院数(个)	公共图书馆图书藏量(千册)	体育场馆数(个)	剧场和影剧院数(个)	公共图书馆图书藏量(千册)	体育场馆数(个)	剧场和影剧院数(个)	公共图书馆图书藏量(千册)
淳安县	1	82	3	1	100	1	4	700
永嘉县	5	180	4	1	144	3		780
苍南县	9	136	2	3	151	3		1320
文成县	5	46	2	1	55	3	1	510
泰顺县	2	41		2	48	3	1	410
平阳县	4	117	3	1	157	2		690
武义县	2	89	1	4	122		5	380
磐安县	1	47		1	58		1	340

续 表

	2001 年		2006 年			2019 年		
	剧场和影剧院数(个)	公共图书馆图书藏量(千册)	体育场馆数(个)	剧场和影剧院数(个)	公共图书馆图书藏量(千册)	体育场馆数(个)	剧场和影剧院数(个)	公共图书馆图书藏量(千册)
衢州市区(柯城区、衢江区)	13	169	14	5	477	1	11	1870
江山市	25	76	5	1	84	1	5	370
衢县	47							
常山县	15	67	1	1	68	1	3	360
开化县	33	74	5		92	1	2	330
龙游县	26	43	3	1	50	1	3	220
三门县	3	40	5	3	99	1	6	430
天台县	4	57	5	1	84	1	5	560
仙居县	7	108	5	3	119	2	6	880
丽水市区(莲都区)	2	143	9	2	184	4	2	740
龙泉市	3	165	2	1	172	2	1	240
青田县	2	92	2	2	110	2	1	260
云和县	1	126	1	1	136	2	1	260
庆元县	4	86	1	2	54	1		130
缙云县	4	95	2	3	107			460
遂昌县	1	101	1	1	101	2	2	240
松阳县	3	54	2	1	88	3		230

续 表

	2001 年		2006 年			2019 年		
	剧场和影剧院数(个)	公共图书馆图书藏量(千册)	体育场馆数(个)	剧场和影剧院数(个)	公共图书馆图书藏量(千册)	体育场馆数(个)	剧场和影剧院数(个)	公共图书馆图书藏量(千册)
景宁自治县	1	46	1	1	34		2	150

数据来源:《浙江统计年鉴 2002》《浙江统计年鉴 2007》《浙江统计年鉴 2020》。

注:2001 年衢县撤销,部分地区划入柯城区,其余地区设立衢江区。

◆◆【案例 5-4】

衢州留住外来民工的心

为了让外来民工过好春节,衢州市近日向他们提供 8 项文化服务:图书馆借书,押金减半;去网吧上网,优惠至每小时 0.8 元;电影专场,免费进工地……

衢州市有外来务工人员 3 万余人。近年来,衢州市从就业、户籍、社保、教育、住房、降低创业成本、深化配套改革等七个方面出台优惠政策,鼓励外地民工来衢州就业创业,并规定所有用人单位都必须为进城农民工办理养老保险、工伤保险、医疗保险等各项社会保险。在城镇从事自由职业的民工申报参加各项社会保险,按照同户籍同待遇办理。进城就业农民到达法定退休年龄时,其缴费年限不符合按月领取基本养老金条件的,允许其一次性补缴养老保险费。在民工较为集中的地方,由政府为主出资建设"民工公寓",廉价出租。

衢州市出台的这些政策,使广大农民工充分享受到有关福利待遇。然而今年 1 月上旬该市的一项调查显示,37.6% 的民工认为,在务工过程中遇到的困难,文化生活贫乏超过看病难、工伤医疗保险无保障等问题,排在第一位。不少人工余除了喝酒、闲聊,就是打牌小赌或进录像厅。有的甚至因精神生活贫乏走上了犯罪道路。

从"民工精神文化荒"现象中,衢州市委、市政府看到了民工的期盼。1月中旬,市里在民工比较集中的地方建起民工文化俱乐部,组织市文化、广播电视等16个部门为民工文化俱乐部出钱出力,把俱乐部打造成外来务工人员的"城市精神家园"。在民工较为集中的建筑工地、工业园区,免费为他们放映电影,至今已放映20多场。民工们下班后进俱乐部,或看书阅报,或打牌下棋,或打球健身。每逢周末,俱乐部还不定期地为民工们开展安全生产、法律知识、科普知识讲座,为民工提高素质创造条件。全市近2万名民工加入了工会组织,持会员证可在医疗、培训、法律援助、住宿、文化消费等方面享受若干优惠政策。

物质与精神文化生活与同城市民的差别越小,越能留住外来民工的心。在衢州上洋机械公司务工的毛兆川,曾到上海、南京、广州、深圳等地打工10余年,如今在衢已呆了4年。他对衢州产生好感后,不走了,在衢州买了新房,将老婆小孩接来过年,准备明年将小孩安排在衢州上学。他说:"现在,我家已扎根衢州了。"

案例来源:严元俭,毛朝阳,徐建中.衢州留住外来民工的心[N].浙江日报,2006-01-28(1).

案例简析 >>>

衢州为外来民工打造形式多样的文化活动,不仅能够丰富民工的业余生活,而且也能够促进外来务工人员对衢州文化和环境的深度认同。一方面,将外来务工人员在就医、就学等方面纳入同城待遇;另一方面,主动上门为工业园区等地的民工开展电影放映等文化活动;再一方面,构建民工文化俱乐部,打造外来务工人员精神文化家园。这促进了外来务工人员对本地的认同和好感,有效提升了投资环境和人才软环境,吸引更多外来人才来到衢州创新创业。

第三节　促进山区就业增收

以"山海协作"方式,更广范围联动发达地区与欠发达地区的产业、就业等合作,加快山区农村劳动力转移,不断增强农村和农民的自身动力,促进山区人民群众增加收入,使"山海"地区收入水平大体相当。

一、山区收入水平增长

实施"山海协作工程"以来,浙江将促进山区农民增收作为重要的任务之一。经过 5 年的发展,浙江在主要经济指标和收入指标上有较为明显的变化(见表5-6)。

2001 年,全省总人口 4519.84 万人,其中 26 个加快发展县有1099.88 万人,占全省比例为 24.33%;全省地区生产总值 6748.15亿元、人均地区生产总值 14655 元,其中 26 个加快发展县生产总值 767.15 亿元、人均生产总值 6509.2 元,分别占全省水平的 11.37%和 44.42%。在收入方面,全省财政总收入 855.82 亿元,26 个加快发展县财政总收入 67.01 亿元,占全省比例为 7.83%;全省城镇居民人均可支配收入和农村居民人均纯收入分别为 10465 元和 4582 元,而 26 个加快发展县相关的数据分别为 8646.5 元和3129.5 元,仅分别占全省水平的 82.62%和 68.30%。到 2006 年,

表5-6 2001年和2006年浙江省国民经济相关指标情况

	2001年国民经济主要指标						2006年国民经济主要指标					
	总人口（万人）	地区生产总值（亿元）	人均地区生产总值（元）	财政总收入（亿元）	城镇居民人均可支配收入（元）	农村居民人均纯收入（元）	总人口（万人）	地区生产总值（亿元）	人均地区生产总值（元）	财政总收入（亿元）	城镇居民人均可支配收入（元）	农村居民人均纯收入（元）
全省总计	4519.84	6748.15		855.82			4629.4	15742.51		2567.7		
26个加快发展县合计	1099.88	767.15		67.01			1114.58	1545.34		165.11		
全省平均	63.66	95.04	14655	12.05	10465	4582	42.90	59.38	31874	37.76	18265	7335
26个加快发展县平均	44.0	30.69	6509.2	2.68	8646.5	3129.5	68.1	225.86	13558.6	6.6	13712	4619.7
26个加快发展县占全省比例	24.33%	11.37%	44.42%	7.83%	82.62%	68.30%	24.08%	9.82%	42.54%	6.43%	75.07%	62.98%

数据来源：《浙江统计年鉴2002》《浙江统计年鉴2007》。

全省总人口 4629.4 万人,其中 26 个加快发展县有 1114.58 万人,占全省比例为 24.08%;全省地区生产总值 15742.51 亿元、人均地区生产总值 31874 元,其中 26 个加快发展县生产总值 1545.34 亿元、人均生产总值 13558.6 元。在收入方面,全省财政总收入 2567.7 亿元,26 个加快发展县财政总收入 165.11 亿元,占全省比例为 6.43%;全省城镇居民人均可支配收入和农村居民人均纯收入分别为 18265 元和 7335 元,而 26 个加快发展县相关的数据分别为 13712 元和 4619.7 元。

◆◆【案例 5-5】

务工一年赚回 4.8 亿元 常山成为全国劳务输出示范县

目前,国家劳动和社会保障部公布了第一批劳务输出工作示范县,我省常山县榜上有名。去年,常山县有 6.5 万人外出务工,年劳务输出纯收入 4.8 亿元,这一收入将占农民人均纯收入的近四成。

近年来,常山县把劳务输出作为一个产业和农民增收致富的主渠道。2003 年初,常山在全国率先发放劳务培训券,农民凭券就能接受免费培训。培训券制度实施以来,常山已投入 500 余万元建立了服装、电脑、家政等 10 个专业技术培训基地,培训农村劳动力 3 万多名。

培训券打造了常山的劳务品牌,外出务工人员深受用工市场青睐。3 年来,常山涌现了 20 多个劳务输出专业村,上千名常山籍外出务工人员受到企业、务工地政府的表扬和奖励,常山民工成为劳动力市场上一个响当当的劳务品牌。青石镇砚瓦山村 400 名村民参加盆景假山制作培训后,有 300 多人外出制作、推销盆景假山,年收入 600 余万元,该村也因此成为华东地区有名的盆景制作专业村。

劳务输出还培养和造就了一批本地市场经济的"领头雁"。32 岁的大桥头乡青年温汉军在杭州务工多年后,去年回乡创办的常山万谷电子科技有限公司,年产值已超过一千万元。据不完全统计,在常山,像温汉军这样回乡创业的外出务工人员,在近 3 年来新创办或入股的企业中,已占到了 30% 至 40% 的比例。

案例来源:徐良其,廖小兵.务工一年赚回 4.8 亿元　常山成为全国劳务输出示范县 [N].浙江日报,2006-01-19(2).

案例简析 >>>

劳务输出是山区以劳动力转移支持发达地区发展的一种方式,同时也是发达地区推进与山区协作的主要方式。作为山区代表的衢州市常山县正是通过劳务输出方式,促进农民就业增收,在解决了农民就业问题的同时,也带动了当地的消费,实现了劳务合作与经济发展的共赢。

二、山区就业发展

就业是最大的民生,"山海协作工程"将扩大就业、提升农民劳动力转移水平作为促进山区人民增收、缩小"山海"差距的重要途径之一。

从分行业从业人员情况来看(见表 5-7),2001 年年末全社会从业人员数为 2796.65 万人,其中 26 个加快发展县的单位从业人员为 53.1 万人,占全省比例为 1.90%;具体行业细分领域中,从业人员规模较大的有农、林、牧、渔业和制造业等,全省农、林、牧、渔业有从业人员 991.47 万人(26 个加快发展县单位从业人员 1.38 万人),制造业 726.28 万人(26 个加快发展县单位从业人员 10.84

表5-7　2001年和2006年浙江省分行业从业人员情况（年底数）

单位：万人

	2001年					2006年				
	从业人员总数	农、林、牧、渔业	制造业	建筑业	科学研究、技术服务与地质勘查业	从业人员总数	农、林、牧、渔业	制造业	建筑业	科学研究、技术服务与地质勘查业
全省总计	2796.65	991.47	726.28	157.24	4.62	3172.38	717.81	1166.02	265.05	13.89
26个加快发展县合计	53.1	1.38	10.84	6.34	0.32	71	0.74	20.21	12.15	0.71
全省平均	39.39	13.96	10.23	2.21	0.07	46.65	10.56	17.15	3.9	0.20
26个加快发展县平均	2.04	0.05	0.42	0.24	0.012	2.43	0.03	0.81	0.49	0.03
26个加快发展县占全省比例	1.90%	0.14%	1.49%	4.03%	6.93%	2.24%	0.10%	1.73%	4.58%	5.11%

数据来源：《浙江统计年鉴2002》《浙江统计年鉴2007》。

注：全省数据为全社会从业人员数，26个加快发展县数据为单位从业人员数。

万人），建筑业157.24万人（26个加快发展县单位从业人员6.34
万人），科学研究、技术服务与地质勘查业4.62万人（26个加快发
展县单位从业人员0.32万人）。到2006年，年末全社会从业人员数
为3172.38万人，其中26个加快发展县单位从业人员为71万人，占
全省比例为2.24%；具体行业细分领域中，从业人员规模较大的有
制造业、农、林、牧、渔业等，全省制造业有从业人员1166.02万人（26
个加快发展县单位从业人员20.21万人），农、林、牧、渔业717.81万
人（26个发展县位从业人员0.74万人），建筑业265.05万人（26个
加快发展县单位从业人员12.15万人），科学研究、技术服务与地质
勘查业13.89万人（26个加快发展县位从业人员0.71万人）。

　　从从业人员的产业领域来看（见表5-8、5-9），2006年，全省从
业人员数为3172.38万人，其中第一产业、第二产业和第三产业分
别有717.81万人、1452.29万人和1002.28万人，占比分别为22.63%、
45.78%和31.59%；而26个加快发展县从业人员数为610.33万
人，其中第一产业、第二产业和第三产业分别有249.22万人、184.25
万人和176.86万人，占比分别为40.83%、30.19%和28.98%。
由此可见，在山区县第一产业仍占主导，从业人员占比高于全省平
均水平，而第三产业从业人员占比稍低于全省平均水平。到2019
年，全省从业人员数为3875.11万人，其中第一产业、第二产业和
第三产业分别有406.83万人、1764.27万人和1704.01万人，占比
分别为10.50%、45.53%和43.97%；而26个加快发展县从业人
员数为599.9万人，其中第一产业、第二产业和第三产业分别有
166.16万人、215.63万人和218.14万人，占比分别为27.70%、
35.94%和36.36%。由此可见，2019年山区县的总体从业人员数
与2006年比略有下降，这主要是因为"山海协作工程"推进了山区

劳动力转移就业;同时,可以看到,山区县的第三产业从业人员占比在增高,产业结构在不断调整和优化。

表5-8　2006年和2019年浙江省按三次产业分的从业人员情况(年底数)

单位:万人

	2006年				2019年			
	从业人员总数	第一产业	第二产业	第三产业	从业人员总数	第一产业	第二产业	第三产业
全省总计	3172.38	717.81	1452.29	1002.28	3875.11	406.83	1764.27	1704.01
26个加快发展县合计	610.33	249.22	184.25	176.86	599.9	166.16	215.63	218.14
全省平均	46.65	10.56	21.36	14.74	56.99	5.98	25.95	25.06
26个加快发展县平均	24.41	9.97	7.37	7.07	24.00	6.65	8.63	8.73
26个加快发展县占全省比例	19.24%	34.72%	12.69%	17.65%	15.48%	40.84%	12.22%	12.80%

数据来源:《浙江统计年鉴2007》《浙江统计年鉴2020》。

表5-9　2006年和2019年浙江省加快发展县按三次产业分

的从业人员情况(年底数)

单位:万人

	2006年				2019年			
	从业人员总数	第一产业	第二产业	第三产业	从业人员总数	第一产业	第二产业	第三产业
淳安县	24.36	13.13	6.12	5.11	24.56	9.95	3.24	11.38
永嘉县	53.86	15.17	16.97	21.72	49.46	12.34	19.31	17.82
苍南县	57.85	20.13	20.96	16.76	65.40	10.98	31.51	22.91
平阳县	48.55	13.97	21.44	13.14	45.98	10.50	20.21	15.27
文成县	18.64	7.54	4.03	7.07	14.49	4.26	3.65	6.58
泰顺县	22.52	8.44	5.89	8.19	16.98	5.13	7.52	4.33

续 表

	2006 年				2019 年			
	从业人员总数	第一产业	第二产业	第三产业	从业人员总数	第一产业	第二产业	第三产业
武义县	20.76	5.46	8.96	6.34	20.30	2.68	10.38	7.24
磐安县	14.1	6.4	6.1	1.6	12.53	3.23	5.16	4.14
衢州市区（柯城区、衢江区）	45.65	20.82	12.57	12.26	50.84	14.78	12.47	23.59
江山市	26.92	11.01	9.18	6.73	26.95	9.50	10.36	7.09
常山县	16.32	7.56	4.78	3.98	16.47	3.06	7.67	5.75
开化县	16.08	9.15	3.55	3.38	16.04	6.61	4.27	5.16
龙游县	22.77	8.95	7.55	6.27	24.70	8.36	7.78	8.56
三门县	22.91	9.03	8.33	5.55	22.36	5.30	10.70	6.36
天台县	31.42	13.19	7.94	10.29	26.47	6.76	8.30	11.41
仙居县	24.08	9.18	6.69	8.21	22.50	6.65	8.43	7.42
丽水市区（莲都区）	24.66	7.53	6.95	10.18	31.76	6.21	10.22	15.33
龙泉市	17.4	8.72	2.6	6.08	17.05	5.72	4.83	6.50
青田县	19.34	8.78	5.09	5.47	20.71	6.44	7.08	7.19
云和县	7.57	2.55	2.04	2.98	8.48	1.85	2.99	3.64
庆元县	13.56	9.2	2.38	1.98	7.83	3.50	1.56	2.77
缙云县	24.56	12.74	6.84	4.98	22.73	8.41	7.90	6.42
遂昌县	14.87	8.21	3.23	3.43	13.61	4.85	4.22	4.54
松阳县	12.51	8.07	2.14	2.3	15.22	6.37	4.58	4.27
景宁自治县	9.07	4.29	1.92	2.86	6.48	2.72	1.29	2.47

数据来源:《浙江统计年鉴 2007》《浙江统计年鉴 2020》。

◆◆◆【案例 5-6】

永康培训转移十万农村劳动力

永康市紧紧围绕五金制造产业优势，以培养高技能人才为突破口，多渠道、全方位培训转移农村剩余劳动力，打造了一批批有专业技术特长的新型农民。截至 2005 年底，全市已有 8.17 万名农民接受了培训，有 3.11 万名农民实现了转移就业，农民有效转移率达 74.3%。

作为全国性五金产品生产和集散中心的永康，近年来在五金工业高速发展的过程中，对技术工人的需求十分旺盛，不少企业产生了"技工荒"，遇到了"招工难"。而与此同时，以农民为主体的 10 万余劳动力却由于其中大多数人没有一技之长，出现了"转移难"的问题。针对这一状况，永康市从 2003 年开始，全面实施"十万农村劳动力培训转移行动"。

永康市在培训转移的定位上，始终紧扣五金产业发展特色，按照企业用工需求，科学设置培训专业。永康市职业技术学校副校长李刚毅说："怎样让受训农民听得进去，用得出来，是培训的难点。"为了优化教学内容，编写实用教材，该校先后选派 12 名教师到企业挂职，回校后编写了符合企业用工要求的《电动工具》《防盗门》等辅助教材。近 3 年来，该市先后有 1.21 万名农民通过培训，拿到了国家职业资格证书，大批持证农民到五金产业淘金。

构建政府支撑体系是农村劳动力有效转移的保障。为了筹措农村劳动力培训资金，永康市通过"政府财政出一部分、相关部门挤一部分、培训机构免一部分、企业承担一部分"的方式，逐年增加资金投入，从 2003 年投入 120 万元增加到 2005 年的 700 多万元。

除学习汽车、拖拉机驾驶采用限额补助外,五金产业相关项目和其他培训专业全部实现了免费培训。

为了鼓励企业招收经过培训转移的农村劳动力,永康市还专门设立了"新增就业岗位奖",对招用的本地农民工,签订一年以上的劳动合同,合同签订率达100%,按月发放工资的企业,根据招工人数多少,分别给予每人100~300元的奖励。

随着永康五金产业的提升,仅靠初级技术人员已满足不了企业的需求。去年,永康市职业技术学校与浙江大学联合举办高级数控车工的技能培训班。20位由市政府"埋单"送浙大培训的"农民技工"一返回永康,就被星月集团、群升集团和南龙集团等大企业"争抢",纷纷确定了就业意向。如今,有不少人已成了企业的技术主管。眼下,第二批20名农民"幸运儿"正在浙大培训,不少人也已被"私订终身"。

案例来源:徐晓恩,潘勇智.永康培训转移十万农村劳动力[N].浙江日报,2006-01-09(2).

案例简析 >>>

加强职业技能培训,是实现农村劳动力有效转移的关键举措。通过培训,促进农村劳动力素质和技能水平的提升,从而有效提高其工作效率和生产率。永康市聚焦于五金特色产业,设立专项培养资金用于劳务培训,同时,激发企业对劳动力培训的投入热情,赋予职工更多的知识和技能,使农民掌握更多技术,靠技术致富。

三、促进山区农民增收的做法经验

扩大就业和加快农村劳动力转移是增加农民收入最有效的方式之一,山区把农村劳动力作为最重要的经济资源加以利用。加快山区跨越式发展,缩小地区差距,推进区域协调发展,是浙江全面建设小康社会和率先基本实现现代化的一项艰巨的战略任务。习近平同志到浙江工作后,高度重视区域协调发展问题。多次到偏远山区和海岛进行调研后,他指出,目前浙江省人民生活总体上已达到小康水平,但现在达到的小康还是低水平、不全面、不平衡的小康。他提醒全省干部群众:"没有欠发达地区的小康,就没有全省的全面小康;没有欠发达地区的现代化,就没有全省的现代化。"①推动山区人口产业转移和空间转移,顺势优化山区人口分布格局,不仅有利于省委、省政府审时度势充分利用我省陆海统筹发展进入新阶段所带来的战略机遇,推动山区跨越式发展,带动我省山区同步实现全面小康的奋斗目标,而且有利于构筑能够长期支撑我省可持续发展的高效稳定的生态空间。

习近平同志在浙江工作期间,提出要进一步优化欠发达山区人口布局,改善基础设施条件。大力推进下山脱贫,加大资金扶持力度,安排专项用地指标,依托县城、中心镇和各类产业园区,建立下山移民小区,加快高山、深山、库区、地质灾害频发区农民下山和自然村的并村搬迁,积极鼓励跨区域下山脱贫。要进一步加大结对帮扶和"山海协作"力度,创新扶贫机制,拓宽区域协作和结对帮扶领域。广泛开展互惠互利的区域协作,积极探索跨区域农业产业化经营和下山移民的途径。②

浙江省委、省政府提出在扶贫工作的新阶段,把扶贫开发的重点从解决贫困人口的脱贫问题转到解决相对贫困和加快欠发达乡

① 张燕,应建勇,裘一佼,等.全面小康一个也不能少:习近平总书记在浙江的探索与实践·协调篇[N].浙江日报,2017-10-07(1).

② 习近平.坚持统筹城乡发展的方略 进一步明确今年我省"三农"工作的主要任务[J].政策瞭望,2005(2):7.

镇发展上来，给下山移民赋予了新的内涵。一是下山移民的目的不再限于脱贫，而是以转移农民、减少农民、富裕农民为目标，以农业农村现代化为方向。二是在下山脱贫小区的选择上，强调把脱贫小区的建设与工业园区建设、块状经济发展有机结合起来，鼓励下山农民到县城和中心镇安居乐业，以促进他们顺利转产转业。三是在下山脱贫的组织上，强调整村搬迁、集中搬迁。①

1.与重大战略行动结合

由政府组织实施的山区人口迁移活动，不同于以经济动因为主的自发式的人口迁移，也不同于工程移民等强制性的人口迁移，浙江秉持"政府主导、农民自愿"的原则，深入开展山区人口下山移民的工作。为筹措建设资金，整合各部门的力量，浙江将山区人口搬迁工作同"国家八七扶贫攻坚计划"、"欠发达乡镇奔小康工程"、重大水库建设、地质灾害频发地区整治、新农村建设、"山海协作工程"等各级政府组织实施的重大战略行动结合起来，不仅筹集了下山移民所需要的大量建设资金，而且使下山农民享受到了优惠的政策。

2.以中心镇为吸纳的主要空间载体，提高迁入地产业集聚力

在引导山区人口进行空间转移的过程中，各级政府把山区人口转移与中心镇培育有机结合起来，不论是省委、省政府的决策文件，还是地方政府的具体工作，都加大了对中心镇的培育和扶持力度。随着政策向中心镇倾斜，中心镇的产业集聚能力和基础设施支撑能力有了明显提高，有效促进了山区人口的

---

① 孙飞翔,顾益康,李隆华.潜力浙江:山海经济发展新论[M].杭州:浙江人民出版社,2006:87.

空间转移。其中,提高迁入地的产业集聚能力是关键。各级政府高度重视山区农民迁移地的产业集聚能力建设,通过工业园区的建设吸引和吸纳下山农民。如云和县将工业园区面积从原来 17 万平方米扩大到 40 多万平方米,入园企业也从原来 67 家扩大到 111 家,随着园区产业集聚能力的提高,吸纳了农村剩余劳动力 5000 多人。[①]

3.提高转移农民就业能力

为了使下山农民"移得出、稳得住、能致富",各级党委政府超前谋划下山农民的转产、转业问题。一方面以下山农民为重点,充分利用职业技术学校、劳动力培训中心、乡镇成校、农函大、农广校等各类培训机构,开办农民技能培训班,加强发展素质培训,提高转移农民就业能力;另一方面,鼓励下山农民通过外出务工、就近打工、创业经商、来料加工等多途径实现就业。

下山搬迁工程相关举措的实施,极大激发了山区人口下山的愿望。根据浙江省扶贫办统计数据显示,2003—2005 年共落实下山移民扶持资金 16 亿元,累计迁移山区农民 16.3 万人。其中,把库区困难群众异地脱贫和地质灾害频发村庄整体搬迁作为下山移民的工作重点来抓,2004 年乌溪江库区困难群众异地脱贫工程规划建设下山移民小区 10 个,搬迁 13000 人,总投资 41190 万元;启动整村整乡搬迁 140 多个,涉及农民 8.5 万人,已有 100 多个村庄实现整村搬迁,搬迁人数达到 3.5 万人。随着生产、生活条件改善,下山农民的增收渠道不断拓宽,收入水平有了明显提高。据统计,遂昌县有 45% 的异地脱贫户从事商业、运输业或外出打工,金

---

① 浙江省人民政府研究室.加快山区经济社会发展 促进陆海联动区域协调研究 [M].杭州:浙江人民出版社,2013:243.

竹、湖山、焦滩、蔡源 4 个库区乡镇农民人均纯收入由 2003 年的 2226 元增长至 2007 年的 4016 元。①

◆◆ 【案例 5-7】

三门沿赤乡 80% 培训农民找到就业新路

3 月 9 日下午，三门县沿赤乡港南农民专业技术培训基地用于农民培训的设施全部安装到位，这表明沿赤乡富余劳力可在家门口免费享受培训服务。

沿赤乡共有 1.2 万名劳动力，其中富余劳力 3000 人。去年 3 月，沿赤乡在县有关部门的支持下，与三门职业中专签订协议，根据企业需求，确定了电工、车床、计算机、针织等 6 个专业的培训项目，让富余劳力根据自己的就业方向和意愿，挑选培训项目，由政府出资金参加培训。培训班共举办了 8 期，乡政府支付培训费 20.1 万元，参加的农民达 1450 人。

这些人员经过系统培训，掌握了一定的技能，结业后不仅深受当地企业和社会的欢迎，同时因技术水平提高，工资收入明显提高。钳口村 36 岁的陈英兵，原来在家只种几分耕地，收入微薄，去年 9 月参加锅炉工培训后，11 月就被台州上钢钢带有限公司聘用，月工资达 1700 元。

据沿赤乡副乡长杨成央介绍，这 1450 名人员中，目前已有 80% 找到就业门路；参加织机培训的 330 名女性，有的还走出三门，到椒江、黄岩等地就业。

案例来源：庄千慧，斯信忠，吕信渊.三门沿赤乡 80% 培训农民找到就业新路[N].浙江日报，2006-03-19(3).

---

① 浙江省人民政府研究室.加快山区经济社会发展 促进陆海联动区域协调研究[M].杭州：浙江人民出版社，2013：242.

案例简析 >>>

三门县通过"送培上门"的方式,将农民培训服务下沉,使农民获得更加便利的培训。这是政府在完善就业培训服务方面较为有效的举措,也体现了政府为老百姓就业全心投入和付出。实践的效果表明,家门口的培训更易获得农民的接受和认可,同时,加强与职业学校的合作,有针对性地开设培训项目,也能提高培训的成效,发挥政府培训资金的最大效益。

◆ 思考题

1.人民至上的理念,核心是解决什么问题?"山海协作工程"以人民为中心主要体现在哪些方面?

2.教育、医疗、文化等社会民生事业是怎样通过转化实现促进山区经济增长?

3."山海协作工程"解决就业这一最大民生问题的主要路径有哪些?

4."山海协作工程"在缩小三大差距方面对社会民生领域的主要贡献表现在哪些方面?

◆◆ 拓展阅读

1.葛立成等.区域发展看浙江[M].杭州:浙江人民出版社,2008.

2.陆立军等.区域经济发展与欠发达地区现代化[M].北京:中国经济出版社,2002.

3.孙飞翔,顾益康,李隆华.潜力浙江:山海经济发展新论[M].杭州:浙江人民出版社,2006.

4.习近平.摆脱贫困[M].福州:福建人民出版社,1992.

5.习近平.干在实处 走在前列:推进浙江新发展的思考与实践[M].北京:中共中央党校出版社,2006.

6.谢健.东部发达城市的欠发达地区发展研究:以温州为例[M].上海:上海三联书店,2010.

7.浙江省人民政府经济技术协作办公室.山呼海应新跨越:浙江省山海协作工程纪实[M].杭州:浙江人民出版社,2005.

8.浙江省人民政府经济技术协作办公室.回眸:浙江协作三十年[M].杭州:浙江人民出版社,2009.

建立更加有效的区域协调发展新机制,要坚持和加强党对区域协调发展工作的领导,坚持新发展理念,立足发挥各地区比较优势和缩小区域发展差距,围绕努力实现基本公共服务均等化、基础设施通达程度比较均衡、人民基本生活保障水平大体相当的目标,深化改革开放,坚决破除地区之间的利益藩篱和政策壁垒,加快形成统筹有力、竞争有序、绿色协调、共享共赢的区域发展新机制。

　　——摘自习近平总书记2018年中央全面深化改革委员会第四次会议上的讲话①

第六章　山海协作工程升级版:区域协调发展的"重要窗口"

◆◆ 本章要点

　　1.总结凝练浙江探索区域协调发展实践经验、持之以恒贯彻落实新发展理念,打造山海协作工程升级版,既是破解新时代主要矛盾的重要突破口,也是浙江省区域高质量协调发展、建设共同富裕示范区的有利抓手。

　　2.现代化新征途上,山区依然是浙江省区域高质量协调发展的短板。扎实推进山区县加快跨越式高质量发展不仅是推进浙江省区域共富的着力点,也是积极探索适应新常态加快发展的新途径、新模式,更是走出绿色发展、生态富民、科学跨越的发展新路。

　　3.突破行政区划壁垒和属地化限制、实现"山海"比较优势互

---

　　① 习近平.加强领导科学统筹狠抓落实 把改革重点放到解决实际问题上来[N].人民日报,2018-09-21(1).

补,是探索区域合作模式的有效形式和推进区域高质量协调发展的突破口,其主要路径在于统筹设立"产业飞地"、多点布局"科创飞地"与做精做透"消薄飞地",确保"山海"共享发展收益。

4.全面推进数字化改革、持续优化营商环境、推进公共服务优质共享、提升人民生活水平是深化体制机制改革的重要内容,是提高山海协作工程升级版效能、增强后发地区内在动力的新探索,是实现更高水平开放型经济新体制与经济持续健康发展的必要保障。

浙江省作为共同富裕示范区,必须统筹中华民族伟大复兴战略全局和世界百年未有之大变局,认真领悟"努力成为新时代全面展示中国特色社会主义制度优越性的重要窗口"的新定位新目标,坚持以习近平新时代中国特色社会主义思想为指导,以"八八战略"为统领,立足国内国际双循环发展新格局,始终坚持贯彻新发展理念,念好新时代"山海经",打造山海协作工程升级版,扎实推进山区县挖掘发展潜力、激发发展动力、提升发展能力、增强发展效益,以高质量、高水准推进全省区域协调发展、协同发展、共享发展。本章对山海协作工程升级版的发展理念、发展重点与发展路径进行梳理与归纳,即以新发展理念为核心,以扎实推进山区县跨越式发展为重点,以创新"山海"飞地经济为举措,以深化体制改革为保障。

第一节 守正创新:新时代的"山海协作工程"再升级

"山海协作工程"实施以来,浙江省在探索解决区域发展不平衡不充分问题方面取得了明显的成效,为实现第二个百年目标打下了坚实的基础,但仍然存在一些短板弱项,具有广阔的优化空间与发展潜力。由此,必须发挥自身动态比较优势,始终贯彻新发展理念,聚力打造山海协作升级版,推动后发地区与先发地区互惠共赢发展,加快推进浙江省区域高质量协调发展,为浙江高质量发展建设共同富裕示范区夯实基础。

一、现代化新征途的时代命题

在推进经济快速增长的同时,山区县不断创新生态产品价值转换机制、畅通"绿水青山就是金山银山"转化通道,以自身绿色发展擦亮浙江高质量发展生态底色,不断推进数字赋能、加速换道超车,以自身转型升级提升浙江高质量发展创新成色,不断优化公共服务,增强人民群众获得感、幸福感、安全感,以自身共建共享彰显浙江高质量发展民本特色。这为浙江省高质量建设共同富裕示范区、率先实现共同富裕提供良好发展环境。到 2019 年,山区 26 县平均 GDP 增速为 8.72%,超出同期全国 GDP 增速 2.62 个百分点,人均 GDP 为 38157 元,而同期全国人均 GDP 为 30733 元。[①]

党的十九大报告指出,中国特色社会主义进入新时代,我国社会主要矛盾已经转化为人民日益增长的美好生活需要和不平衡不充分的发展之间的矛盾,而区域发展不平衡不充分问题就是新时代社会主要矛盾的重要体现。2021 年浙江省政府工作报告指出,推动区域协调发展,念好新时代"山海经",推动海洋强省建设取得实质性重大成果,全面提升"山区"内生发展动力:实施富民惠民安民新举措,发挥先富帮后富的作用,开展低收入群体同步基本实现现代化行动,率先推动共同富裕取得实质性进展。这对浙江省区

---

① 中华人民共和国统计局. 中国统计年鉴[M]. 北京:中国统计出版社,2020:78-79.

域协调发展、逐步实现共同富裕提出了更高的要求。

在新的发展阶段,面对新的国情省情,山区作为浙江省整体发展的短板弱项,依然面临着生态产品价值实现不充分、财政赤字居高不下、产业协作能级不高、公共服务优质共享供给不足等一系列掣肘因素,不利于推进浙江省高质量区域协调发展,不利于为全国提供推动共同富裕省域范例。因此,打造山海协作工程升级版,既是破解新时代主要矛盾的重要突破口,又是缩小城乡差距、区域差距、收入差距以实现区域高质量发展的必由之路。

二、持之以恒贯彻新发展理念

习近平同志在浙江工作期间曾指出:"我们搞'山海协作工程',不能简单地推动欠发达地区去复制发达地区走过的传统工业化道路,必须按照科学发展观的要求,把合作重点放在优化产业结构和促进经济增长方式转变上,放在推动体制创新、技术创新和管理创新上,放在提高劳动力的素质上,放在资源集约利用和改善生态环境质量上。"①在新发展阶段,打造山海协作工程升级版,必须坚持新发展理念,推动区域协作高质量发展。

1. 坚持创新引领

当前,全国上下对创新的认识不断深化、对创新的重视不断强化。十八大报告提出"实施创新驱动发展战略",十八届五中全会把"创新"放在五大发展理念之首,十九大报告提出"创新是引领发展的第一动力",十九届五中全会提出"坚持创新在我国现代化建设全局中的核心地位",创新在我国经济社会建设中的

---

① 习近平.干在实处　走在前列:推进浙江新发展的思考与实践[M].北京:中共中央党校出版社,2006:211-212.

作用不断强化,全社会已形成求创新、靠创新、能创新的良好发展氛围。

"山海协作工程"实施以来,正是"山海"地区不断推进全方位创新,才取得了"山海协作"的巨大成果。在打造山海协作工程升级版的过程中,必须坚持创新的核心地位,全方位推进发展理念创新、协作模式创新、体制机制创新、产业技术创新,以数字化改革为抓手,加快培育后发地区创新要素优势、创新环境优势、创新生态优势,实现后发地区高质量跨越式发展。

2.深化协调发展

新一轮科技革命和产业变革深入发展,我国经济发展正处在转型的关键时期,推动区域协调发展具有深远的意义。习近平同志在《之江新语》专栏发表的《从全局高度统筹城乡发展》一文中指出:"统筹城乡发展居'五个统筹'之首,是科学发展观的重要内容和体现……打破城乡分割的体制和结构,把城乡发展作为一个整体,科学筹划、协调推进,形成以城带乡、以乡促城、城乡互动的发展格局。"①党的十九届五中全会通过的《中共中央关于制定国民经济和社会发展第十四个五年规划和二〇三五年远景目标的建议》提出,坚持实施区域重大战略、区域协调发展战略、主体功能区战略,健全区域协调发展体制机制,完善新型城镇化战略,构建高质量发展的国土空间布局和支撑体系。

"山海协作工程"发挥"山"与"海"的优势,统筹城乡发展,协调区域发展,取得累累硕果。基于此,山海协作工程升级版更加突出协调发展理念,进一步发挥城乡协调发展优势,统筹城乡经济社会

---

① 习近平.之江新语[M].杭州:浙江人民出版社,2007:45.

发展，加快推进城乡一体化，推动欠发达地区跨越式发展，扎实推进浙江区域高质量发展。

3. 贯彻绿色理念

山海协作工程升级版要始终贯彻绿色可持续发展理念。习近平同志在《之江新语》专栏发表的文章《既要 GDP，又要绿色 GDP》明确指出："我们要牢固树立科学发展观，既着眼当前，更考虑长远，承担起积极推进全面、协调、可持续发展的重任。"①

绿水青山是山区最大的优势和财富，必须把这个优势充分发挥出来。"山海协作工程"就是"绿水青山就是金山银山"理念的具体实践。打造山海协作工程升级版，要更加坚定绿色发展、生态富民的信念，坚决摒弃生态保护是负担的陈旧观念，树立生态资源是宝贵的全新观念，打好山海协作工程升级版中的生态牌，最大程度将生态资本转化为经济资本，加快打开"绿水青山就是金山银山"的转化通道，实现生态优势转化为经济优势。

4. 提高开放水平

习近平同志在《之江新语》专栏《在更大的空间内实现更大发展》一文中指出："浙江土地面积小、自然资源相对贫乏，要有效解决我省发展中的资源要素问题，在新一轮竞争中占据主动，不能仅仅局限在十万一千八百平方公里区域面积上做文章，必须跳出浙江发展浙江，在大力引进各种要素的同时打到省外去、国外去，利用外部资源、外部市场实现更大的发展。"②浙江的开放不是几个市、几个区的开放，而是全域的开放。

---

① 习近平.之江新语[M].杭州：浙江人民出版社,2007:37.
② 习近平.之江新语[M].杭州：浙江人民出版社,2007:72.

山海协作工程升级版进一步打开山区开放空间,形成全方位对外开放格局,促进人才、创新等高质量生产要素自由流动,全力推进"一带一路"建设,积极参与长江经济带、长三角一体化建设,实现"跳出浙江发展浙江"。

5.突出共享共赢

党的十九届五中全会明确了 2035 年基本实现社会主义现代化远景目标,首次提出了"全体人民共同富裕取得更为明显的实质性进展"。国家"十四五"规划纲要提出,要研究制定促进共同富裕行动纲要,支持浙江高质量发展建设共同富裕示范区。

山海协作工程升级版必须秉承人民至上的价值追求,统筹区域协调发展各项工作的落脚点,加快欠发达地区发展,努力缩小城乡区域发展差距,切实提高发展的协同性和整体性,让人民群众都能自由、公平地享受改革发展成果,稳步实现共同富裕的根本目标。

三、构筑发展与共享美好图景

提高山区现代化建设水平。通过打造山海协作工程升级版,提升山区"造血"功能,打造现代化农业区域品牌,倒逼传统工业转型升级,培育节能环保、生态养老等新兴产业,借力提升产业结构层次,推进产业转型升级;增强县域发展后劲,实现全县生活污水和垃圾处理全覆盖,打造靓丽县城、特色小镇、美丽乡村;打赢民生改善持续战,推动公共服务向农村延伸;促进低收入群体脱贫致富,提高农民收入。

推进浙江省高质量一体化发展。通过打造山海协作工程升级版,加强发达地区与欠发达地区人才、创新等高质量生产要素流通,推动"山海"之间实现从外生帮扶转化为内生发展动力,带动欠发达地区与发达地区经济发展,实现经济互联互通;增强基本公共服务保障能力,加大财政转移支付力度,保障交通等基础设施建设,实现交通互联互通;缩小发达地区与欠发达地区差距,提高省域一体化程度。

助力共同富裕示范区建设。通过打造山海协作工程升级版,进一步促进浙江省区域协调发展,进一步缩小地区差距、城乡差距与收入差距;有效提高社会总体财富,补齐社会弱势群体的"短板",在做大"蛋糕"的同时做好"蛋糕",持续不断推进社会公平正义;推动浙江保持经济高质量发展,助力浙江推动共同富裕率先取得实质性进展。

第二节　固本培元:山区县跨越式发展再出发

"山海协作工程"实施以来,山区经济社会发展面貌得到全面改观,但在浙江省率先推动共同富裕取得实质性进展的进程中,山区仍是发展短板,依然受到生态产品价值实现不充分、产业协作能级不高等掣肘因素影响。因此,山海协作工程升级版必须在推动壮大实体经济、生态价值转化、基本公共服务优质共享等方面不断发力,推动山区加快发展,为浙江省实现高质量区域协调发展、建设共同富裕示范区奠定坚实基础。

一、新发展阶段的区域短板

自 2003 年以来,浙江推进山区经济社会发展的思路逐渐清晰、政策日趋多元、路径不断拓展,不断完善财政转移、生态补偿、扶贫开发、异地搬迁、结对帮扶等协作体系,推动"山海"地区产业协作、设施联通、服务共享,有效推动山区赶超发展。2015 年,山区

26县经济社会发展各项指标取得明显突破，全面消除家庭人均可支配收入4600元以下的贫困户，率先实现脱贫攻坚。基于此，浙江省委、省政府于2015年作出摘掉山区县"欠发达县"帽子、转向推进山区县加快发展的重大决定，并将山区县加快发展的工作重心放在加强生态环境保护、推进基本公共服务均等化、提高人民生活水平上面。

共同富裕是社会主义的本质要求和奋斗目标，是全体人民的富裕，不是少数人的富裕。新时代的全体人民共同富裕，不仅要求浙江省在自身纵向比较意义上有快速的经济发展动能，还要求在横向比较意义上有较为均衡的发展态势，既要处理好发展与共享的关系，也要解决好效率与公平的关系。经济发展较好的杭州、宁波等发达地区是浙江省的一部分，经济发展较为薄弱的丽水、衢州也是浙江省的一分子，发展的征途上一个都不能少、一个都不能丢。

因此，在迈向第二个百年奋斗目标的新征途实现浙江省区域高质量发展，必须全力推进山区跨越式高质量发展，在提高经济发展水平的同时，充分保障教育、医疗卫生、养老等公共物品供给，支撑起山区的发展。唯其如此，才能将地区间收入差距、区域差距控制在合理范围内，才能处理好穷者越穷富者越富、经济发展两极分化的现实问题，才能有效满足人民群众日益增长的美好生活需要，才能凸显社会主义制度优越性。

二、山区县跨越式发展的新难点

在新发展阶段，山区作为浙江省区域高质量协调发展的短板弱项，依然面临着生态价值实现不充分、产业协作能级不高、要素保障力度不足、新型城镇化建设迟缓等多重掣肘因素。

1.生态价值实现不充分

现有生态价值核算体系没有提供一个标准化、科学化和规范化的核算指标,无法厘清"绿水青山"的内涵与边界,无法准确计算生态产品的潜在价值;山区县对生态补偿的依据、标准以及补偿方式尚未达成共识,对"为什么补""谁补谁""补多少""如何补"等问题尚未理清楚,同时,现有生态补偿机制依然存在补偿渠道层次不高、补偿主体单一等问题;山区县的发展较多集中在生态工业、生态农业、农旅融合等领域,但生态工业成效不高,生态农业、农旅融合多围绕文化培训、医药康养、运动休闲等领域展开,呈现同质竞争趋势。

2.产业协作能级不高

山区产业存量项目多为"低小散"的劳动密集型加工制造业,增量项目多为发达地区淘汰产能,缺乏大企业、知名企业入驻,大项目、优质项目偏少,缺少龙头大企业支撑;山区产业发展在土地供给、企业融资服务方面保障力度不够,进一步发展受限;"山海协作工程"产业园周边配套基础设施体系不够完善,产业功能性平台辐射带动作用不足,新旧动能转化迟缓。

3.要素保障力度不足

受职业发展空间、教育医疗保障等影响,山区县无法有效引进高端实用型人才,同时,受到杭州、宁波等大城市的"虹吸"效应影响,山区县医疗卫生、教育等方面的紧缺型人才外流现象严重,形成人才区位劣势;山区县研发创新投入占 GDP 的比重明显低于全省平均值,内生发展动力严重不足;山区县交通设施建设相对滞后,如龙泉市对外仍未形成机场、高铁等快速交通网络,龙泉至杭州"3 小时交通圈"、龙泉至丽水"1 小时交通圈"尚未实现,市域内交通网络需进一步提升。

4.新型城镇化建设迟缓

山区县中心城市人口集聚能力不足,城镇化率低,无法吸纳更多偏远地区人口,尤其是高山、库区、地质灾害频发区,人口外流现象较为严重,中心城镇承载力严重不足;山区县中心城市对乡村地区的引领、辐射和带动作用不强,乡村振兴进度迟滞,农村地区基础设施建设投入不足,城乡高质量公共服务普及率不足,城乡要素自由流动严重受制,城乡一体化融合发展亟须加强;山区县政府在数字化治理、集约化统筹、智慧化应急等方面的短板亟待补齐,对垄断定价、信息不对称等市场失灵问题的处理能力依然不足。

三、扎实推进山区县高质量发展

《中共中央 国务院关于支持浙江高质量发展建设共同富裕示范区的意见》指出,到 2025 年,浙江省推动高质量发展建设共同富裕示范区要取得明显实质性进展,这为山区加快发展提出更高要求、指明前进方向。

1.由"资源优势"向"经济优势"转化

自然资源、生态环境等生态资源就是山区发展的比较优势,也是山区发展的潜在优势,更是最普惠的民生福祉。加快生态产品价值实现、巩固和厚植生态优势,是山区绿色跨越式发展的必由之路。

借助山海协作工程升级版,立足山区县自然风光、资源等比较优势,实施"一县一策",发挥县域比较优势,始终坚持发展与生态相结合,深度挖掘发展潜力、激发发展动力、提升发展能力。调整完善生态补偿机制,加大省级生态环保财政转移支付力度,贯彻绿色发展理念,打造依托钱塘江、瓯江、灵江等流域资源的美丽经济产业带。更加注重扩宽"绿水青山就是金山银山"转化通道,加大生态产品价值转化效率,加快生态产品价值实现,更加注重系统性增强内生发展动力,同步推动山区人民走向共同富裕。

2.由"人力资源"向"人力资本"转变

扶贫先扶智,人始终是区域经济发展的决定性因素和最活跃源泉,既是经济社会发展的主体,同时也是经济社会发展的目的。加快推进山区县跨越式发展,必须要以人为核心,着力提高山区人力资本水平。

完善培训就业创业机制,推动优质教育资源共享,提升山区教育文化水平,培养技能型人才,强化山区就业创业帮扶,深化人才引育合作,建立高端人才共享交流平台,引导高端科技人才为偏远地区科技创新和企业发展服务。大力提升传统优势产业,帮助培育新兴产业,开展制造业与互联网深度融合,打造特色数字工业。完善"双下沉、两提升"政策,深化医疗改革,有序推进分级诊疗制度建设,促进医疗卫生资源共享,缓解偏远地区看病难问题,实现"人力资源"向"人力资本"转变。

3.由"政府引导"向"市场主导"转变

投资回报率低、投资机会少、交通运输成本畸高等恶劣市场环境一直是山区内生发展的障碍之一,是山区跨越式发展必须要解决的问题。

通过打造山海协作工程升级版,建设综合交通运输体系,不断完善山区对内对外区域交通网络,全面优化、提升农村路网,推动山区融入杭甬温 1 小时经济圈。同时,山区县应充分把握政策导向作用,推动与发达地区在市场、资源、资本、技术和劳动力等方面的信息对接和互补合作,打通双边优势合作与市场主体对接新窗口,有力形成全社会支持、参与的市场化互利共赢合作新格局,激发市场积极性,实现由"政府引导"向"市场主导"转变,实现跨越式发展。

4.由"项目转移"向"全产业链协作"转变

破除山区自身发展空间限制,形成发展新增长极,实现高质量跨越式发展,不能仅仅依靠发达地区项目和资金的梯度转移,必须提高产业协作的层次水平,打造山区县优势产业,培育山区新兴产业,提速传统产业转型升级。

借助山海协作工程升级版,加大资金合作、资源合作、产业合作、园区合作、技术合作、人才合作、项目合作、劳务合作、村镇建设合作、社会事业合作等,大力发展太阳能、生物质能等新能源和可再生能源,加快山区能源基础设施网络建设,统筹油气输送通道和储备系统建设,推进实施全省天然气县县通工程,强化边远地区油气能源供应和保障。同时,山区加快由低附加值、低转化效率产业向高附加值、高效率产业链的延伸,打造本地优势产业,实现"项目转移"向"全产业链协作"转变。

◆◆【案例6-1】

武义县精心打造省级美丽城镇武义样板

桃溪镇:农文旅融合发展大力推进产业美镇

桃溪镇以建设"桃源福镇"为目标,以国家文保单位延福寺为依托,积极挖掘陶渊明隐逸文化,规划布局延福禅养休闲区、桃花源农旅体验区、红色文化洗礼区、畲乡民族风情区四大农文旅融合产业区块,积极打造"江南桃花源"旅游胜地,实现产业美镇。

挖掘古镇精髓,发展地方文化,培育特色产业。建设陶村体育馆项目,通过引进规模赛事,形成以全民养生、运动经济为特色的禅养桃溪产业。开设文创产业园,发展文化体验经济,不断发展地方特色文化。以"特色民宿"为主打品牌,将乡村老屋改建成集特色民宿、商务民宿、山间野墅、康体泳池等于一体的景区型精品民宿产业集群。2019年桃溪镇民宿产业游客接待数达10万余人次,实现经营收入350余万元,顺利获评了省AAAA级景区镇。

延长产业链条,整合要素资源,充实农户腰包。通过政策支持、技术帮扶等措施把本地传统宣莲、茶叶、蚕桑种植区块建设成为一二三产融合发展的高端宣莲、茶叶、蚕桑全产业链示范基地,延长产业链条,壮大产业实力。组建蚕桑专业合作社、粮食专业合作社,通过统一生产、统一收购、统一销售等形式,降低农户生产成本,增加农户收入,提高农户积极性。

柳城畲族镇:全力打造"畲乡莲韵"文旅特色美镇

柳城畲族镇围绕"千年古城,畲韵莲香"发展定位,以旅游发展为主业,扎实推进文旅特色型美丽城镇建设。该镇通过政府搭台、市场唱戏,不断吸引社会资本参与城镇建设,全力完善旅游配套设施,积极打造智慧旅游、慢行旅游、四季旅游、城镇夜游等项目,建成省级旅游风情小镇和AAAA级景区镇,并积极争创AAAAA级景区镇。

壮大主导产业,培育特色品牌。该镇依托"十里荷花、百种小吃、千年古镇、万种风情"主题形象,将散落的景区、景点、民宿串点成线,形成不同的旅游组团线路。着力塑造"山水生态游的绿色、红色文化游的红色、畲乡体验游的蓝色、以宣莲为主打的农业休闲游的粉红色、传统村落观光游的土黄色"的"五色"旅游品牌形象。做好非遗传承文章,建立非遗项目演绎展示区,推进镇域八大主题博物馆串联成线,让游客直观感受璀璨多彩的民族民俗文化。办好民俗节庆活动,通过举办"三月三"畲族歌会等传统经典品牌民俗节庆活动,保持畲乡传统文化魅力。

着力"三农"发展,推动乡村振兴。该镇持续巩固省级特色农业强镇创建成果,突出培育畲乡红茶、猕猴桃、有机茶等优势主导产业,强化全省板栗集散中心的交易集散功能,大力发展生态农业、观光旅游业等农村新兴业态,增加村集体和村民收入。推进农、文、旅全域融合发展,携手莲都区丽新畲族乡、松阳县板桥畲族乡、莲都区老竹畲族镇,"柳新桥竹"四地畲民共谋畲乡振兴。

案例来源:吴丁宁,罗之韵.武义县精心打造省级美丽城镇武义样板[EB/OL].(2020-09-01)[2021-06-12].https://zj.zjol.com.cnnews1515573.html.

案例简析 >>>

武义县是山区 26 县之一,该县桃溪镇与柳城畲族镇的发展实践是山区 26 县加快发展的缩影。该县能够因地制宜,发挥生态资源、文化资源优势,贯彻新发展理念,积极培育特色产业,注重共建共享,率先实现绿色崛起,为后发地区跨越式发展提供了示范经验。

第三节 互动链接:"山海"飞地经济模式再创新

后发地区受自身营商环境、产业基础、要素禀赋等因素制约,往往难以招引优质项目资源,产业发展易出现"内卷"现象。先发地区拥有较多优质项目资源,但也往往受制于水资源、空间资源、生态资源等因素制约,存在发展受限的难题。山海协作升级版通过建设飞地园区、发展飞地经济,可以使后发地区招引项目在先发地区落地、破解招商引资"卡脖子"难题,使先发地区利用后发地区水资源、空间资源、生态资源等指标突破自身发展局限,两类地区在优势互补的基础上共享发展收益。

一、"飞地经济"的时代内涵

"飞地经济"是指相关行政地区在平等协商、自愿合作的基础上,打破区划限制,以生产要素的互补和高效利用为直接目的,在特定区域合作建设、开发各种园区平台,实现互利共赢的区域合作发展模式。作为一种创新型、嵌入式的区域经济合作模式,"飞地经济"可有效突破行政区划壁垒和属地化限制进行跨区域经济开发,实现两地资源互补、协同发展。

作为一种新的区域经济合作模式,飞地经济与传统招商引资或产业转移模式有显著差异。首先,产业转移规模不同。在传统模式中,企业由一个地区(园区)转入另一地区(园区),呈现出点对点的企业转移特性;在飞地经济中,产业直接从飞出地转入飞入地,呈现出区对区的产业转移特性。其次,园区承接内容不同。在传统模式中,地方政府重在招引企业、拉动地方就业、提高财政收入、带动相关产业发展;飞地经济模式不仅注重引进企业,还注重引入先进的管理理念和管理方法,通过知识外溢增强当地内生发展能力。再次,区域合作关系不同。传统模式无法激励先发地区扶持后发地区,而飞地经济通过找到合作方利益共同点,发挥各自比较优势,实现互惠互利。

面对浙江省区域发展不平衡不充分的问题,浙江省委、省政府创新发展飞地经济模式,通过结对帮扶的形式,以发达地区作为"飞入地"、山区26县作为"飞出地",由"飞入地"提供"飞地"发展空间,"飞出地"为"飞入地"提供开发建设用地指标、耕地占用与补偿平衡指标等作为补偿,"飞入地"与"飞出地"通过协商,共担"飞地"建设成本、共享"飞地"建设收益。

"飞地经济"是山海协作升级版的重要创新，也是山区县加快发展的重要抓手。浙江省在企业落户、财政补贴、金融支持、人才保障等方面出台了一系列政策，有力地推动了"飞地经济"有序健康发展。2019年，浙江省出台《关于促进山海协作"飞地经济"健康发展的实施意见》，明确了三类山海协作"飞地经济"发展模式，确立了以"十四五"规划始末两端（2020年、2025年）为时间节点的发展目标，强调以"三创新、三聚焦、三规范"为重点的发展举措，构建了"山海协作工程"飞地经济发展的政策框架，为今后一个时期深入推进"飞地经济"模式、深化"山海协作工程"指明了新的思路和方向。

二、"飞地经济"发展的新难点

"飞地经济"高质量发展仍面临一些深层次约束，制约了效能发挥，包括内生发展动力不足、管理机制不健全等深层次新难点。

"飞地经济"的内生发展缺激励、少动力。一方面，受到大城市虹吸效应影响，"飞地"建设容易诱发山区县产业空心化问题，损害山区县产业竞争力，降低其协作积极性；另一方面，现有利益分享机制多向山区26县倾斜，发达县缺少切实经济激励，多以承担政治任务为出发点参与"飞地"建设，难以充分调动积极性，不愿派驻"精兵强将"参与"飞地"建设运营，在园区规划、招商引资、市场监管、政策支持等方面缺乏工作力度。

"园中园"管理机制不完善不精准，属地管理体制导致的税收跨区征管难题。按照我国税法规定，"飞地"园区企业上缴税收不能由"飞地"双方分成，为此，具有山海协作结对关系的县（市）区可以通过山海协作援建资金进行收益返还或者进行税收跨区征管。但没有山海协作结对关系的县（市）区之间，既缺少"飞地"收益返还机制,也未打通税收跨区征管通道,给"飞地"园区企业经营带来极大不便。长此以往,"飞地"园区存在演变为产业孵化园的趋势,入驻企业成长到一定阶段必将离开"飞地"园区。

企业发展存在"玻璃门"难题。一方面是招商引资"玻璃门"。在当前各城市按区块招商的大背景下,"飞地"园区需按所在区块产业导向目录进行招商引资,导致"飞地"园区对优质项目竞争明显处于弱势地位,甚至出现周边园区挖墙脚情况,"飞地"与周边区域统一招商机制仍未确立。另一方面是企业建设"玻璃门"。规模在1平方公里以上的"飞地"园区需要较多环保、能耗、碳排放等指标配额,在"双碳"目标约束下,"飞入地"与"飞出地"在指标分配上存在较大分歧,导致"飞地"园区企业在环保、用地、能耗等指标配额方面处于弱势地位,甚至在环保审批、市场监管等方面受到区别对待,造成"飞地不如本地"现象。

三、"飞地经济"创新发展的新探索

浙江省在"飞地经济"发展方面进行实践探索,逐渐形成了以"消薄飞地""科创飞地""产业飞地"为代表的"飞地经济"模式,并通过一系列政策措施有效保障了"飞地经济"健康发展。

1.统筹设立"产业飞地"

"产业飞地"是"飞地经济"的传统形态。作为独特的产业发展平台,"产业飞地"在各级政府的支持和推动下,开创了区域产业协同发展新模式,构建了产业要素流通的通道,给山海协作升级版注入新的活力。

浙江省在"产业飞地"建设过程中,以现有设区市"山海协作工程"结对框架为基础,由省统筹安排,在大湾区新区、省级高能级平台等相关产业发展平台为山区县布局以先进制造业为主的"产业

飞地";在基础设施共建、市场准入、企业服务、经济数据统计以及财政税收分配和信息共享等方面进行了一系列探索,不断创新合作机制和利益共享机制,理顺"产业飞地"管理体制,为人才、资金等要素自由有序流动和优化配置提供可靠保障。

当前,浙江"飞地经济"发展呈现出政府和市场双轮驱动、发达地区和欠发达地区互设"飞地"、围绕产业集群建设"飞地"的新态势。打造山海协作工程升级版,"产业飞地"应以打造新经济增长极为目标,大力引进大项目、好项目,力争实现"飞地"亩均效益不低于"飞入地"平均水平;要学习和借鉴发达地区园区开发建设经验,根据所在地建设开发标准和整体产业布局,推进"飞地"高质量发展。

2.多点布局"科创飞地"

随着"飞地"建设不断演化升级,"科创飞地"成为发展亮点。"科创飞地"是"飞地经济"的延伸和创新,是后发区作为"飞出地",将先发区作为"飞入地","借地"开展研发创新和成果转化。通过采用"在外研发+本地制造"模式,后发地区有效吸纳人才、资本、技术等创新要素,搭建科技成果转化应用和产业化的有效平台,构建"创新研发—成果孵化—产业化落地"创业生态链条。在此过程中,后发地区通过加快机制创新,加速与"飞入地"对接人才与科创资源,打通科技人才项目"飞入地"孵化与"飞出地"产业化联动发展的通道。

"科创飞地"为科创要素在区域间的流通配置提供了更为合理的实现路径。对于后发地区而言,在科创资源高度汇集的大都市设立适度规模的"逆向飞地",能较好地发挥招商和研发平台作用,投入小、收益大。目前,"科创飞地"已成为中小城市依靠区域大都市,"借势、借力、借脑、借生态"实现后发地区跨越式发展的重要创新。

浙江省"科创飞地"已成多点开花态势,并且在柔性引才、成果转化、园区运营、利税分享等方面进行了一系列制度创新。打造山海协作工程升级版,合作各方要聚焦人才科技支撑,把"科创飞地"打造成高端人才引进、产业升级和产业孵化的桥头堡;要加强资源要素整合,建立人才与科技政策的同城一体化机制,鼓励高等院校、科研机构与"飞地"开展产学研合作;要着眼"飞出地"发展需求设立重点实验室、企业研发机构、科技服务平台、科创孵化器、众创空间等各类科技创新载体,进一步补强特色产业链,大力引进先进装备制造、新能源新材料、生物医药、农产品精深加工等项目实施孵化并有效转移。

3.做精做透"消薄飞地"

消除集体经济薄弱村是浙江在 2017 年启动的一项重大战略,建设"消薄飞地"是其重要抓手。目前,山区 26 县已实现"消薄飞地"的全覆盖,"消薄飞地"改变了传统"输血型"模式,真正实现"造血型""消薄",是打造山海协作工程升级版的重要内容。

针对后发地区集体经济薄弱村,由相应村集体集中资金、土地等资源配置到结对发达地区,依托成熟的开发区(园区)联合建设可持续发展项目,飞地所获收益主要用于壮大农村集体经济、增加农户收入。"消薄飞地"由村、县、乡国资公司共同投资,抱团组建专业运营团队,实行统一管理、统一建设、统一核算、统一经营。[①]在收益分配方面,浙江鼓励"消薄飞地"采取收益保底+税收分成

---

① 陈伟.深化山海协作"飞地经济"发展[J].浙江经济,2019(2):9.

方式。其中，年保底收益按不低于"飞出地"总投资额10％计算，税收分成由合作双方协商确定。

目前，山区县所建的30个"消薄飞地"已完成迭代升级，经济规模不断提升，项目质量不断优化，飞地管理不断规范。在山海协作升级版建设过程中，合作各方应聚焦"消薄"实现，不断建立健全"飞地"投入、运营管理、收益分配等机制，为集体经济薄弱村实现"消薄"提供有效保障；"飞入地"政府要以帮助带动低收入农户增能增收和发展壮大村集体经济为己任，助力"飞地"发展物业经济、楼宇经济等，促进投资快速见效，真正实现"飞地""消薄"。

◆◆◆【案例 6-2】

山海共融异地开发

磐安县城与金华市区相距约120公里，金磐开发区是磐安县于1995年在金华市区创建的一个异地开发区。金磐开发区是磐安县委、县政府走出山门，把国家扶贫政策和金华区位优势相结合，加快欠发达地区发展的一项重要举措，也是金华市政府加快磐安经济发展、打造金华经济新增长点的重要决策。25年光阴弹指一挥间，如今的金磐开发区已成为"飞地经济"的典范。

至2019年，金磐开发区已累计引进杭州、温州、台州以及金华市发达地区的山海协作项目近200个，累计实现工业产值超500亿元，上缴税收和其他非税收入超50亿元，主要经济指标对磐安贡献度均达到1/3以上，高新技术企业占全县的80％，充分体现了主战场、主阵地的地位和作用。2019年，全区完成规上工业总产值22亿元，同比增长11.4％；税收5.3亿元，同比增长12.76％；纳税100万元以上企业35家，其中纳税5000万元以上企业3家。随着优势企业的不断入驻,区内工业用地亩均税收超 35 万元,连续 5 年居金华市各类开发区第一、全省七块"飞地"前列,并荣获"中国最具创新力开发区"称号。

开发区不断壮大发展,逐渐成为全县经济发展的重要增长极、全县农民致富的主渠道和全县社会发展的加速器,为磐安从头号贫困县到摘掉"欠发达"帽子,再到决战决胜全面小康,发挥了重要作用。受益于"飞地经济"模式,磐安县综合发展水平从全省倒数提升至全省 13 个加快发展二类县第 6 位,城乡居民人均可支配收入增幅连续 4 年居金华第一。

案例来源:冯俊江,黎明.金磐"飞地"助推磐安经济社会全面发展[N].金华日报, 2020-11-09(9).

案例简析 >>>

"飞地经济"为区域协调发展提供了新抓手,也为后发地区实现经济跨越式发展提供了新平台。磐安县坚持"优势互补、互利互惠、长期合作、共同发展"原则,把"山"的特色与"海"的优势有机结合,通过金磐开发区的建设不仅壮大了自身经济实力,也为金华市打造经济增长极、山海协作升级版创新发展"飞地经济"提供借鉴。

第四节 强力支撑:"山海"体制机制改革再深化

"山海协作工程"实施以来,浙江省不断突破体制约束、优化制度供给,为"山海协作工程"深入推进提供良好制度环境。打造山海协作工程升级版,浙江省围绕数字赋能、优化营商环境、提高人民生活水平、推进基本公共服务均等化等目标,继续创新体制机制,提高"山海协作工程"效能、增强后发地区内生发展动力。

一、全面推进"山海"数字化改革

2003 年,浙江省提出"数字浙江"建设,由此开启浙江省数字化改革的浪潮。2003 年,浙江省委、省政府出台《数字浙江建设规划纲要(2003—2007 年)》,搭好"数字浙江"建设的四梁八柱;浙江2017 年开始实施数字经济"一号工程",2018 年实施数字经济五年倍增计划,推动浙江成为全国数字经济先行省,使数字经济成为浙江省高质量发展的一张"金名片";2021 年,浙江召开全省数字化改革大会,明确指出全面推进数字化改革,将其作为浙江新发展阶段全面深化改革的总抓手,为利用数字技术赋能浙江发展指明方向。

山海协作工程升级版以全面推进数字化改革为引领,不断提高"山海协作工程"效能,为浙江省区域协调发展注入新活力。

推进一体化智能化公共数据平台。紧紧围绕数字化改革总目标,按照"以用促建、共建共享"的原则,以群众企业需求为导向,聚焦群众企业个性化需求,推动服务领域由政务服务向城市生活、未来社区、数字乡村等领域延伸,加强"浙里办""浙政钉"两个掌上(前端)建设;加强山区数字基础领域建设,构建大数据仓库体系,形成全省共建共治共享、数据循环利用的机制,提高数据质量与可得性,形成数据开放创新生态体系;健全全省网络安全制度体系,全面落实网络安全要求,推动安全与应用协调发展,贯彻落实国家网络安全相关法律法规,增强网络安全性,保护全民隐私安全,打造数字浙江,为山区跨越式发展注入活力。

深化数字政府系统建设。依托一体化智能化公共数据平台,建设数字政府综合应用,通过对各部门核心业务数字化应用迭代升级,提高政府处理事务效率,构建数字政府建设的理论体系和制度规范体系,构建数字政府综合应用;集成浙江省城镇发展数字化管理平台,围绕就业、养老、医疗、教育、体育等领域,注重群众的多样性需求,发挥政府在公共物品供给方面的调节作用,提升民生保障数字化水平;围绕建设人民满意的服务型政府总目标,着力提升政府治理质量、效率和公信力,以数字化方式提高政府治理效率,打造政府效能管理应用。

推进数字化改革制度规范体系建设。组建浙江省数字化改革标准技术委员会,组织制订相关标准和规范,加快数字治理水平,推动相关法规规章立改废释,全面构建完善的标准法规;加强互联网监管,促进大数据自主共享,提高数字安全水平,积极开展智能社会法律秩序研究,加快实现省域治理现代化,探索以科学、人本、包容、普惠、共治为核心要素构建智能社会法律秩序,加强前瞻性法律秩序研究,为山区发展带来数字红利机遇。

二、持续优化山区营商环境

营商环境是影响国家和地区经济活力、经济实力的基本因素,是衡量国家和区域核心竞争能力和潜在发展能力的重要标准。近年来,浙江省不断优化营商环境,为企业减负、为市场赋能。依托"浙里办",浙江实现行政权力和公共服务事项"应上尽上",消除部门间行政壁垒、数据壁垒,加快建设"掌上办事之省""掌上办公之省",提高政府行政效能;在实现一般企业投资项目开工前审批"最多100天"改革目标的基础上,继续推进企业投资项目审批"加速跑",朝着一般企业投资项目开工前审批"最多90天"迈进;在群众办事"最多跑一次"的基础上,继续深化改革,向"一次不用跑"转变。

好的营商环境能够增强投资者信心,激发市场主体活力,促进经济高效发展。山海协作工程升级版着力优化山区营商环境,增强市场活力,激发市场潜能,为山区内生发展注入活力与动力。

坚持贯彻现代政府理念，有效解决市场失灵问题。认真贯彻落实浙江省政府第五次全体会议上提出的"整体智治、唯实惟先"的现代政府理念，充分发挥数据在推进政府治理体系和治理能力现代化中的重要作用，推进"实现线上服务一键通达""全面融合线上线下业务""探索推进一企（人）一档建设""深化电子证照归集""推动电子证照普及"等智治举措。增强政府数字化治理能力，打造高效、舒适、贴心的市场环境，引导民营企业扎根山区，提高市场发展活力。

坚持以"一件事"为抓手，实现流程升级。全面推进以"一件事"为抓手，对"开办企业""办理建筑许可""获得电力""获得用水用气""不动产登记""企业注销"等6个指标进行全流程整合，作为一个基本改革单元予以推进，为山区企业工作流程提速。针对企业办事便利化行动推进过程中遇到的堵点和难点来提出改革目标和举措，力求在手续、时间、成本、数据共享等重点问题上予以突破，坚持解决山区堵点重点问题，实现内容升级，打造高效化营商环境，激活山区市场潜能。

三、加快推进"山海"基本公共服务优质共享

根据《浙江省基本公共服务体系"十三五"规划》（以下简称《规划》）实施要求，省发展改革委联合省统计局，对2019年度全省及11个设区市基本公共服务均等化实现度开展了综合评价。评价显示，2019年全省基本公共服务均等化实现度98.7%，比上年提高1.9个百分点，超过《规划》提出"十三五"末全省实现度95%的目标要求3.7个百分点。基本公共教育、基本就业创业等八大领域均等化实现度首次全部达到规划目标要求，11个设区市基本公共服务均等化实现度也首次全部达标，这标志着浙江省"十三五"基

本公共服务均等化实现度提前全面达标。

山海协作工程升级版要推进基本公共服务优质共享,有效破解优质公共服务共享难题,显著提升公共服务质效,逐步缩小城乡公共服务差距,为浙江省高质量协调发展注入活力,夯实共同富裕基础。

树立大统筹意识,推进基本公共服务均等化从局域迈向全域。一方面,山海协作工程升级版要突出区域协调与区域均衡,通过东西对口合作、对口扶贫协作等途径形成辐射力更强的跨省协同、东西均衡效应;另一方面,山海协作工程升级版要突出城乡协同与城乡均衡,逐步缩小城乡差距,建立更加完备的城乡高质量融合发展体系。

准确把握两个"均等化",平衡基本公共服务的投入与产出关系。一方面,山海协作工程升级版应该秉持人民至上的核心理念,保障所有公民能够公平地获得所需的公共服务,做到人人享有、公平享有,保障人民生活水平与质量大致相同;另一方面,山海协作工程升级版既要保障基层政府拥有相当的财政能力,又要将更多的财政资金投向利民、惠民的公共服务领域。

强化治理能力,形成多元供给与治理协同的基本公共服务治理新模式。山海协作工程升级版应该协调好"两只手"的关系,做到有为政府与有效市场有机结合。一是坚持"政府主责",进一步明确政府在公共服务供给及协调市场、社会关系中的主体地位与主体责任,保障基本公共服务均等化;二是迈向"包容共享",在公共服务生产、递送各个环节充分激发市场与社群活力,加快国有企业与私有企业在公共服务上形成合力,构建多元化、多样化供给机制。

四、有效提高山区人民生活水平

"十三五"期间,浙江省经济总量跃上6万亿元台阶,城镇居民人均可支配收入由43174元增至62699元,连续20年居全国第3位、各省区第1位;农村居民人均可支配收入由21125元增至31930元,连续36年居各省区第1位。城乡居民人均可支配收入倍差由2015年的2.07降至2020年的1.96,11市人均可支配收入最高与最低市倍差由1.75降至1.64,跻身全国城乡差距、区域差距最小省份行列。[①]

浙江在实现共同富裕的道路上迈出了坚实的一大步,但要看到,其内部发展不平衡不充分问题仍然突出,城乡区域发展和收入分配差距较大,促进全体人民共同富裕仍是一项长期任务。习近平总书记指出:"在全面建设社会主义现代化国家新征程中,我们必须把促进全体人民共同富裕摆在更加重要的位置,脚踏实地、久久为功,向着这个目标更加积极有为地进行努力。"[②]这为我们在新征程中推动实现全体人民共同富裕指明了方向。

在浙江提出"率先推动共同富裕取得实质性进展"的新关口,山海协作升级版必须着力提高人民生活水平,在做大财富"蛋糕"的同时分好"蛋糕",实现全体人民共享发展成果,加快实现效率与公平、发展与共享有机统一的美好愿景。

实施"就业优先战略"。打造山海协作工程升级版,要着力化解就业结构性矛盾,健全社会就业保障机制、教育培训机制、法律援助保障机制,确保劳动者在薪酬、健康等方面的待遇与权益。构

---

① 中华人民共和国统计局.中国统计年鉴[M].北京:中国统计出版社,2020:168-169.

② 习近平.在全国脱贫攻坚总结表彰大会上的讲话[N].人民日报,2021-02-26(2).

建多元化与多层次就业政策体系，大力发展数字经济，推动催生大量新业态、新产业与新模式，促进共享经济、零时经济等"微经济"健康发展，为广大山区劳动者提供更多的就业机遇，提高山区人民收入水平。探索工商资本上山下乡，以工商资本上山下乡带动技术、人才等要素流向农村，培育新型农业经营主体，通过合理分工让农民能通过土地要素或自身劳动获得收益，走一条以生态建设为引领、工商资本为载体、农民增收为根本的城乡融合发展之路。

提高低收入者和农民的收入水平。土地要素、自然资源使用情况的城乡二元分割仍然严重制约农民总体收入水平。山海协作工程升级版要进一步打破土地要素的城乡分割局面，赋予农民更多的财产权利，将附着在宅基地和农村集体经营性建设用地上的巨大潜在财富转化为他们可以平等交易的财产权益。山海协作工程升级版不仅要落实以增加知识价值为导向的分配政策，而且要通过反垄断、调节过高收入等措施来形成合理的社会财富分配体系，深化收入分配制度改革，全面建成多层次社会保障体系，深层次破解效率与公平的关系难题，推动收入分配透明化、合理化。

◆◆【案例6-3】

遂昌县试点推进医疗卫生人才"省属县用"的实践

医疗卫生人才短缺一直是困扰基层的难题。截至2019年末，我国每千名常住人口中基层卫生人员数比值为2.97左右，每万名人口拥有的全科医生数为2.61人，远不能满足实际需求。基层卫生人才数量不充足问题日趋凸显，截至2019年末，全国乡村医生和卫生员共有84.2万人，较上一年减少6.5万人。乡村医生年龄结构不合理问题依旧突出，2018年我国超过1/4的乡村医生年龄在 60 岁以上，小于 35 岁的仅占 5%，部分乡镇 60 岁及以上村医占比甚至达到 80%。

为解决县级医疗卫生人才短缺问题，浙江省于 2018 年尝试开展医疗卫生人才"省属县用"试点工作。遂昌县是全省唯一的医疗卫生人才"省属县用"试点县，在"双下沉、两提升"的基础上，省编委办核定 10 个具有特定内涵的备案制员额给浙大二院，将人才"管"在省级医院，"用"在县级医院。浙大二院与遂昌县人民医院合作成立四大学科中心，实现从碎片化帮扶到精准化帮扶、从输血式帮扶到造血式帮扶的有效转变。

遂昌县医疗卫生人才"省属县用"实践在以下方面进行了有益探索：一是以学科建设为核心，设立专项经费，合作成立消化外科、消化内镜诊疗、关节病诊治、全科与健康管理等四大中心，长期持续下派专家；二是以同质管理为目标，全面提升精细化服务水平；三是以人才培养为关键，建立 MDT 联合带教等机制。

遂昌县卫生医疗人才"省属县用"模式的试点推进有助于进一步发挥政府在公共资源方面的调节作用，有效破解县乡医疗卫生人员紧缺问题，提高县乡医疗水平，为基本公共服务均等化提供可行方案。

案例来源：龚隆森，吴蕾."省属县用"造福基层百姓［EB/OL］. (2020-05-24)［2021-06-12］. http://scnews. zjol. com. cn/scnews/system/2020/05/24/032516005. shtml.

案例简析 〉〉〉

浙江医疗卫生人才"省属县用"试点工作，坚持需求导向，帮在急需处，精准帮扶遂昌加强重点学科建设，长期、持续下派高年资同学科专家，解决下沉碎片化、成效不明显问题；坚持目标导向，帮在内涵处，以基本同质的医疗服务和内部管理为目标，优流程、强管理、提素质,提升医院整体水平;坚持人才导向,帮在长远处,变"输血"为"造血",通过多种培养方式,打造一支带不走的本土专家队伍。

◆◆ 思考题

1.打造山海协作工程升级版是推进山区县加快跨越式高质量发展的重要举措,试论述这对促进区域协调发展与推动共同富裕有何重要意义。

2.简述山海协作工程升级版在深化体制机制改革方面有哪些新的着力点。

3."飞地经济"是山海协作升级版的重要创新,分析"飞地经济"推进区域协调发展的内在逻辑是什么。

◆◆ 拓展阅读

1.陈伟.深化山海协作"飞地经济"发展[J].浙江经济,2019(2):8-10.

2.《读懂"八八战略"》编写组.读懂"八八战略"[M].杭州:浙江人民出版社,2018.

3.刘小枫.现代性社会理论绪论[M].上海:华东师范大学出版社,2018.

4.习近平.之江新语[M].杭州:浙江人民出版社,2007.

5.习近平.干在实处　走在前列:推进浙江新发展的思考与实践[M].北京:中共中央党校出版社,2006.

要发挥各地区比较优势,促进生产力布局优化,重点实施"一带一路"建设、京津冀协同发展、长江经济带发展三大战略,支持革命老区、民族地区、边疆地区、贫困地区加快发展,构建连接东西、贯通南北方的多中心、网络化、开放式的区域开发格局,不断缩小地区发展差距。

——摘自《习近平谈治国理政(第二卷)》①

第七章　从"山海协作"到新时代区域协调发展

◆◆ 本章要点

1. 发挥比较优势,优化区域分工,既是区域协调发展面临的约束,也是协调发展的基础;推动要素互补,实现互惠互利,是调动双方积极性、实现区域协调发展的持续源泉。

2. 不平衡是普遍的,要在发展中促进相对平衡。这是区域协调发展的辩证法。尊重和利用人口向优势区域集中的客观规律,打造能够驱动区域发展的动力源和增长极,集聚人口和产业要素,扩大经济和技术溢出,带动区域经济总体效率提升。

3. 增强欠发达地区人民自我发展能力、内生发展动力,是推动欠发达地区跨越式发展的根本所在,其主要路径在于促进欠发达地区人民享有基本同等的生活水平和质量,确保机会公平。

4. 欠发达地区无法复制,也不能复制传统工业化道路,生态资源优势是欠发达地区发展的潜力所在,借助外部技术、市场优势,

---

① 习近平.习近平谈治国理政:第二卷[M].北京:外文出版社,2017:206-207.

赋能、盘活、转化生态资源，激发生态优势，转化生态资产，发展生态经济，扩大生态供给，享有生态福利，为欠发达地区带来跨越发展的系统性、历史性窗口。

党的十九大报告明确提出要实施区域协调发展战略，建立更加有效的区域协调发展新机制。这是中国特色社会主义进入新时代，以习近平同志为核心的党中央紧扣我国社会主要矛盾变化，按照高质量发展的要求提出的重要战略举措。习近平同志在浙江工作期间，审时度势、因地制宜地提出并实施了"山海协作工程"、新型城市化、城乡一体化、长三角地区一体化等一系列促进区域协调发展的重大举措，不仅促进了浙江的区域协调发展，使浙江成为全国区域发展最为协调的省份之一，也为之后其提出实施区域协调发展战略提供了重要实践基础。本章对"山海协作工程"这一鲜活的区域协调发展实践背后蕴含的理论价值、实践价值进行系统性总结提炼，主要可归结为四个发展，即以统筹比较优势驱动互补发展，以非均衡布局撬动均衡发展，以人民为中心的内涵赋能发展，不以生态为代价的绿色跨越发展。

第一节　一脉相承的区域协调发展理念

强调优势观，善用辩证法，注重本体性，是习近平总书记关于区域协调发展重要论述的科学思维体系与鲜明理论特色。遵循激发优势、优势互补的协调发展基本逻辑，依靠人民、内生驱动的协调发展主体动力，走出集聚发展、相对平衡的协调发展特色道路。

一、优势观:激发优势、优势互补的协调发展基本逻辑

找准比较优势,促进优势互补,加强欠发达地区与发达地区之间的产业联系分工,是"山海协作工程"取得巨大成就的基本方法和基本理念,具有深刻的比较优势理论观,即巩固厚植原有禀赋优势,充分发挥地区比较优势,使优势更优;补齐短板,实现现有劣势向后发优势转化。统筹发达地区与欠发达地区发展,推进区域一体化,实质上就是要按照优势互补、互利共赢的原则,通过分工协作,发挥各自比较优势,走出一条科学持续、协同发展的路子。

在浙江工作期间,习近平同志高度重视从地区优势出发,发挥比较优势、促进优势互补在驱动区域经济发展中的战略基点地位。2003 年以来,浙江提出并长期坚持实施的"八八战略"——发挥"八个方面的优势",推进"八个方面的举措",即是习近平同志正确认识和科学把握比较优势观的集中体现。对于"山海协作工程",习近平同志强调"我们应该看到丰富的山海资源优势,念好'山海经',把欠发达地区和海洋经济的发展作为我省新的经济增长点"①。在这一优势观的指导下,浙江省委、省政府在推动实施"山海协作工程"过程中注重不同地区比较优势的发挥与协同。基于浙西南山区资源优势和沿海海洋资源优势,充分利用浙西南城市与环杭州湾、温台沿海等经济发达地区地域相连的优势,主动接受发达地区的经济辐射和产业转移,实现与周边地区优势互补。推动浙西南山区重点发展生态农业、生态工业和生态旅游等特色产业;海岛欠发达地区依托海洋资源优势,重点在港口开发、临港工业、海洋渔业、滨海旅游业等领域开展经济活动,做大做强海洋经

---

① 习近平.干在实处 走在前列:推进浙江新发展的思考与实践[M].北京:中共中央党校出版社,2006:209.

济。习近平同志总结性指出,实施"山海协作工程","有利于实现优势互补,优化资源配置,促进欠发达地区生态优势转化为经济优势,人力资源优势转化为人力资本优势"①。

在实施"山海协作工程"推进区域协调发展过程中形成的比较优势观,成为始终贯穿于党的十八大以来习近平总书记关于区域协调发展重要论述的科学方法论。习近平总书记一以贯之地强调发挥比较优势思维对于区域协调发展的重要性。习近平总书记强调:"要发挥各地区比较优势,促进生产力布局优化,重点实施'一带一路'建设、京津冀协同发展、长江经济带发展三大战略,支持革命老区、民族地区、边疆地区、贫困地区加快发展,构建连接东中西、贯通南北方的多中心、网络化、开放式的区域开发格局,不断缩小地区发展差距。"②在京津冀协同发展座谈会上,习近平总书记在讲话中指出:"推进京津冀协同发展,要立足各自比较优势、立足现代产业分工要求、立足区域优势互补原则、立足合作共赢理念,以京津冀城市群建设为载体、以优化区域分工和产业布局为重点、以资源要素空间统筹规划利用为主线、以构建长效体制机制为抓手,从广度和深度上加快发展。"③在东西部扶贫协作座谈会上,习近平总书记强调,"要把东西部产业合作、优势互补作为深化供给侧结构性改革的新课题,大胆探索新路"④。在中共中央政治局就建设

---

① 习近平.干在实处　走在前列:推进浙江新发展的思考与实践[M].北京:中共中央党校出版社,2006:211.

② 习近平.在省部级主要领导干部学习贯彻党的十八届五中全会精神专题研讨班上的讲话[N].人民日报,2016-05-10(2).

③ 习近平.优势互补互利共赢扎实推进　努力实现京津冀一体化发展[N].人民日报,2014-02-28(1).

④ 习近平.认清形势聚焦精准深化帮扶确保实效　切实做好新形势下东西部扶贫协作工作[N].人民日报,2016-07-22(1).

现代化经济体系进行第三次集体学习时,习近平总书记强调:"要建设彰显优势、协调联动的城乡区域发展体系,实现区域良性互动、城乡融合发展、陆海统筹整体优化,培育和发挥区域比较优势,加强区域优势互补,塑造区域协调发展新格局。"①这充分展现出习近平总书记以发挥地区比较优势为基点、以强化区域间优势互补为驱动的区域协调发展科学思维与逻辑特征。

二、辩证法:集聚发展、相对平衡的协调发展特色道路

"不平衡是普遍的,要在发展中促进相对平衡。这是区域协调发展的辩证法"②,2019 年在中央财经委员会第五次会议上的这一讲话,高度浓缩了习近平总书记关于"在发展中促进相对平衡"的协调发展辩证思维与发展道路。平衡是相对的,不平衡是绝对的,协调即是发展平衡和不平衡的统一。区域协调发展是区域之间在经济交往上日益密切、生产上关联互动、生活水平动态趋同的持续过程。区域之间发展不协调,是国内外经济社会发展长期以来存在的问题,突出表现为区域差距、城乡二元结构等矛盾关系。

从时间维度上审视,区域协调发展辩证法遵循渐进协调、动态协调、不断向高水平协调的规律特征。习近平总书记指出,"由平衡到不平衡再到新的平衡是事物发展的基本规律"③。浙江省是改革开放的先行地,人均收入水平长期处于国内领先,但是杭嘉绍、温台地区构成的"海",发展水平远远高于衢州、丽水等西南山区以及部分海岛县构成的"山"。在浙江工作期间,习近平同志推动实

---

① 习近平.深刻认识建设现代化经济体系重要性 推动我国经济发展焕发新活力迈上新台阶[N].人民日报,2018-02-01(1).

② 习近平.习近平谈治国理政:第三卷[M].北京:外文出版社,2020:271.

③ 习近平.习近平谈治国理政:第二卷[M].北京:外文出版社,2017:206.

施"山海协作工程",不是要外力推动"山"与"海"同步、同速发展,而是既要促进欠发达地区跨越式发展,又要促进发达地区加快发展。习近平同志指出,"加快发达地区发展是支持区域协调发展的重要基础,促进欠发达地区跨越式发展是实现区域协调发展的重要环节,两者是互相促进的"[①]。党的十八大以来,以习近平同志为核心的党中央始终秉持"在发展中促进相对平衡"这一辩证法,并将其贯穿于在更广领域更高层次推进国家协调发展的新发展理念之中。

从空间维度上审视,区域协调发展辩证法遵循以重点区域优先发展带动整体协调、以整体协调促进重点区域优先突破的规律特征。理论界长期以来存在是通过非均衡战略还是均衡战略推动区域协调发展的争论。从国际发展史实来看,区域之间的发展差距,是长期存在的。区域内部总是存在发达地区和相对欠发达地区,相应构成区域发展的"中心"与"外围",并不存在绝对的均衡。"中心"地区密集承载产业、资金和人口,发挥价值创造和技术溢出功能,"外围"地区承担土地、资源、生态、粮食供给功能,"中心"与"外围"的互补联动发展形态,是区域协调发展和不断向高水平发展的稳定空间格局。

习近平总书记指出,"不能简单要求各地区在经济发展上达到同一水平,而是要根据各地区的条件,走合理分工、优化发展的路子"[②]。区域协调发展需要增长极、动力源。在浙江工作期间,习近平同志推动实施"山海协作工程",不仅是加大对山区、老区、海岛、民族地区等欠发达地区的扶持力度,也要求发达地区更快更好发

---

① 习近平.干在实处 走在前列:推进浙江新发展的思考与实践[M].北京:中共中央党校出版社,2006:202.

② 习近平.习近平谈治国理政:第三卷[M].北京:外文出版社,2020:271.

展,充当拉动欠发达地区和区域整体发展的龙头。环杭州湾、温台沿海等地区的区位条件优越,经济实力雄厚,产业基础扎实,一方面,要发挥区域协调发展的先导作用,向欠发达地区形成技术溢出效应、人才输出效应、创新联动效应;另一方面,要加大人口吸纳力和包容发展力,提供高级别就业岗位,吸引欠发达地区人口集聚、就业与居住,最终实现非均衡布局加快撬动区域协调发展。党的十八大以来,我国经济发展出现深刻的空间结构变化,产业和人口向优势区域集中的进程进一步加快,城市群、都市圈成为集聚发展要素、驱动整体发展的主要载体,对区域协调发展提出新要求。习近平总书记指出,"产业和人口向优势区域集中,形成以城市群为主要形态的增长动力源,进而带动经济总体效率提升,这是经济规律",为此,"要形成几个能够带动全国高质量发展的新动力源,特别是京津冀、长三角、珠三角三大地区,以及一些重要城市群"。①

总的来看,新时代区域协调发展道路强调尊重和利用人口向优势区域集中的客观规律,通过打造区域发展的动力源和增长极,集聚人口和产业要素,扩大经济和技术溢出,带动经济总体效率提升,由此撬动发达地区与欠发达地区快速均衡发展。习近平总书记注重统筹好局部与整体、短期与长期、中心与外围等协调发展过程中重点重大矛盾关系,体现了对在发展中促进相对均衡、不断向更高水平渐进均衡这一区域协调发展规律的深刻把握。

三、本体性:依靠人民、内生驱动的协调发展主体动力

习近平总书记关于区域协调发展重要论述的另一个鲜明特征是始终强调依靠人民,坚持促进人的全面发展,建构内生驱动的协

---

① 习近平.习近平谈治国理政:第三卷[M].北京:外文出版社,2020:271.

调发展主体动力。人既是区域经济社会发展的主体,同时也是经济社会发展的目的。人是区域经济发展的决定性因素和最活跃源泉。脱贫致富、推动欠发达地区跨越式发展,终究要靠欠发达地区人民群众用自己的辛勤劳动来实现。激发内生发展动力、提升自我发展能力,是撬动欠发达地区跨越式发展的根本所在。增强欠发达地区人民的自我发展能力、内生发展动力,是推动欠发达地区跨越式发展的根本所在。

提升欠发达地区劳动力精神风貌、文化水平、技术能力,缩小区域人力资本差距,是从"输血"到"造血"、推动可持续发展的关键。浙江实施的"山海协作工程"既要富口袋,也要富脑袋,高度重视欠发达地区农村劳动力素质培训和转移就业,高度重视发达地区对欠发达地区的教育协作,持续向欠发达地区扩大高质量文化教育供给、就业培训、创业帮扶。习近平同志在浙江工作期间曾指出,欠发达地区发展要会用"乘法,即推动技术进步和提高劳动力素质"①,其实质就在于在于积累人力资本,提升自主发展能力,激发内生发展动力,发挥事半功倍之效。

在"山海协作工程"中体现的习近平同志有关"乘法"、自我发展能力的论述,深刻贯穿、全面体现在新时期打赢脱贫攻坚战、推动东西部跨区域合作等重大战略中。习近平总书记在中央扶贫开发工作会议上讲话指出,要激发内生动力,调动贫困地区和贫困人口积极性。"只要有信心,黄土变成金。"贫穷不是不可改变的宿命。人穷志不能短,扶贫必先扶志。没有比人更高的山,没有比脚更长的路。要做好对贫困地区干部群众的宣传、教育、培训、组织

---

① 习近平.干在实处 走在前列:推进浙江新发展的思考与实践[M].北京:中共中央党校出版社,2006:214.

工作,让他们的心热起来、行动起来,引导他们树立"宁愿苦干、不愿苦熬"的观念,自力更生、艰苦奋斗,靠辛勤劳动改变贫困落后面貌。要坚持以促进人的全面发展的理念指导扶贫开发,丰富贫困地区文化活动,加强贫困地区社会建设,提升贫困群众教育、文化、健康水平和综合素质,振奋贫困地区和贫困群众精神风貌。[①] 在东西部扶贫协作座谈会上,习近平总书记进一步强调,要加大产业带动扶贫工作力度,着力增强贫困地区自我发展能力。[②] 上述论述的宗旨就是拉平贫困地区与发达地区人民群众的发展精神差距、能力差距、动力差距,开启贫困地区和欠发达地区的自主内生发展道路。

第二节　不断完善的区域协调发展制度

促进区域协调发展,增强区域发展的协同性、联动性、整体性,关键在于深化改革和体制机制创新。习近平同志在浙江工作期间推动"山海协作工程",高度重视优势互补、市场互利、公共服务均等化、生态补偿等协调发展机制建设。党的十八大以来,新时代区域协调发展体制机制进一步向体系化、市场化、制度化方向迭代升级。

一、区域战略统筹机制

在顶层设计上建构不同区域发展战略的统筹联动机制,优化区域经济大格局,是推动欠发达地区与发达地区协调发展的基本

---

① 中共中央党史和文献研究院.十八大以来重要文献选编(下)[M].北京:中央文献出版社,2018:49-50.

② 习近平.认清形势聚焦精准深化帮扶确保实效 切实做好新形势下东西部扶贫协作工作[N].人民日报,2016-07-22(1).

盘与大方向。脱离优化区域经济布局这个基本盘,离开区域发展战略统筹这个大环境,孤立促进发达地区对欠发达地区的产业转移或帮扶合作,违背更高层次的区域发展整体效率。

浙江省的"山海协作工程"是在着眼于优化省域战略分工布局、推进经济结构战略性调整这个大格局下推进实施的。习近平同志在浙江工作期间,浙江省委、省政府明确全省区域发展战略,提出构建环杭州湾、温台沿海、浙中地区和浙西南欠发达地区四大区块的基本格局与发展战略。杭宁温三大中心城市强调发挥集聚效应和服务业辐射功能,环杭州湾产业带和温台沿海产业带发挥先进制造业基地功能,浙西南地区和舟山等海岛地区则建设生态经济、海洋经济并承担生态屏障功能。习近平同志指出,"推进'山海协作工程',必须服从于这一区域发展战略,坚持有所为有所不为"[①]。在这一省域经济布局和功能格局大框架下,"山海协作工程"有力推动实现了将统筹欠发达地区与发达地区协调发展战略和区域经济布局优化战略并轨统一、整体推进。

从全国来看,改革开放以来我国区域政策侧重考虑倾斜性政策,比如对特定地区给予税收优惠、信贷支持、基础设施建设支持等。党的十八大以来,以习近平同志为核心的党中央,根据国内区域经济极化分化并存、东北和西北地区发展差距拉大等形势变化,区域发展战略和政策转向更加注重区域发展的系统性、整体性和协同性,更注重区域之间的关联和功能的提升,体现了政策从倾斜性向功能性的转变。党中央相继提出京津冀协同发展、长江经济带发展、粤港澳大湾区建设、长三角一体化发展、黄河流域生态保

---

① 习近平.干在实处 走在前列:推进浙江新发展的思考与实践[M].北京:中共中央党校出版社,2006:213.

护和高质量发展、成渝双城经济圈等新的区域发展战略，构建形成以京津冀、粤港澳、长三角、成渝等地区为增长极和辐射源，以长江经济带、黄河流域、珠江—西江经济带等流域经济为东西合作纽带，以省际交界地区合作为补充的区域战略统筹与区域合作新格局，完善区域间、流域内、毗邻区三个层次政府间全面合作框架，以此推动西部、东北、中部、东部四大板块区域战略相互融通，为东西协作、南北互通、陆海联动、发达地区和欠发达地区统筹发展提供了更高层次的基础制度框架，区域协调发展的顶层战略统筹框架进一步完善。

二、市场一体化发展机制

促进区域经济协调发展，是"公平"与"效率"兼顾的过程，政府的作用不可忽视，但并非意味着逆市场规律而行，需要在运用、完善市场机制上下功夫，实现政府引导与市场主导两个作用在区域协调发展中的统一。通过要素流动促进优势互补，在市场合作中实现互利共赢，是促进发达地区和欠发达地区可持续合作的基础，也是提升双边合作效能、提高资源配置效率的有效途径。

建设基于优势互补、要素流动、互利双赢的市场一体化机制，是浙江省"山海协作工程"区别于常规对口协作、国际援助等举措的鲜明特色。在现有扶贫开发与区域对口协作发展政策体系中，既有对口支援，又有对口帮扶，还有对口合作。前两种系无偿援助，后一种系市场化的平等交易、互利共赢、务实合作。对于"山海协作工程"推进产业梯度转移承接工作，习近平同志强调，发达地区要运用市场机制，促进劳动密集型产业向欠发达地区转移，促进劳动力和人口向发达地区转移，在带动欠发达地区发展的同时，也为自己赢得新的发展空间；欠发达地区要发挥优势，抢抓机遇，创新思路,以更加开放的姿态,主动接轨发达地区和国内外大市场,加快培育特色经济,加快劳务输出和移民下山,开拓新的致富门路。[①]"山海协作工程"能持续调动"山""海"合作激励,变"等米下锅"为"找米下锅",关键在于坚持市场化、互利化方向,在市场化产业和项目对接中,找到优势最互补、合作效率最高的合作对象、合作模式与合作项目,充分弥补两地的"短板",发挥两地的"长板",形成两地市场竞争能力共建、市场效益共享的互利共赢发展新格局。[②]

"山海协作工程"是市场经济条件下的结对帮扶新模式,高度重视对口合作城市之间的产业上下游合作、资源要素供给合作、低成本劳务合作等共赢合作路径。如宁波的镇海区和衢州的龙游县从2013年成立山海协作产业园以来,协作发展成绩斐然。其中龙游县工业平台良好,区位优势明显,各项要素禀赋丰富,而镇海在产业能力、招商引资、市场渠道、管理经验等方面的优势,是龙游县缺乏的资源,双方在产业经济要素方面具有巨大的虹吸互补效应,通过"山海协作工程",双方均取得良好市场红利。

党的十八大以来,各地区各部门围绕促进区域协调发展与正确处理政府和市场关系,在建立健全市场一体化机制等方面积极探索,更加注重通过建设全国统一大市场、运用市场机制和市场规律建构促进区域协调发展的基础制度环境。习近平总书记强调,要形成全国统一开放、竞争有序的商品和要素市场。要实施全国统一的市场准入负面清单制度,消除歧视性、隐蔽性的区域市场壁

---

① 习近平.干在实处 走在前列:推进浙江新发展的思考与实践[M].北京:中共中央党校出版社,2006:207-208.

② 黄勇等.协调发展:浙江的探索与实践[M].北京:中国社会科学出版社,2018:148.

垒,打破行政性垄断,坚决破除地方保护主义。除中央已有明确政策规定之外,全面放宽城市落户条件,完善配套政策,打破阻碍劳动力流动的不合理壁垒,促进人力资源优化配置。[1] 中共中央、国务院发布的《关于建立更加有效的区域协调发展新机制的意见》中指出,建立更加有效的区域协调发展新机制的一个主要原则即是坚持市场主导与政府引导相结合,充分发挥市场在区域协调发展新机制建设中的主导作用,并在促进城乡区域间要素自由流动、区域市场一体化建设、区域交易平台完善等方面形成新的探索,促进全国范围区域协调、城乡协调、发达地区与欠发达地区协调发展的市场机制更加完善成熟。

三、基本公共服务均等化机制

从国际发展史经验来看,区域发展差距的主要表征之一即为基本公共服务水平的差距,同时,基本公共服务差距又构成区域发展差距循环累积、失调加剧的内在动因。欠发达地区的贫困主要是结构性贫困,而结构性贫困主要是由于贫困人口缺乏最基本的发展机会导致的,即发展机会失调最终导致区域发展失调。因此,基本公共服务均等化机制,不仅仅是从科学发展、共享发展的角度推动区域协调发展的重要制度性安排,也是促进区域协调发展的主要目标之一,更是实现区域协调发展的重要路径。

浙江省实施"山海协作工程"的主要内容和先手棋,即在于通过财政转移支付、对口互助等途径,扩大基础设施建设力度,缩小欠发达地区和发达地区之间发展机会、发展条件的差距。在浙江工作期间,习近平同志强调,加大基础设施建设力度是加快欠发达

---

① 习近平.习近平谈治国理政:第三卷[M].北京:外文出版社,2020:272.

山区和海岛渔区发展的关键。要通过实施"百亿帮扶致富"工程，整体推进欠发达地的交通、水利、电力、通讯、生态等工程建设，提高基础设施的共享性和综合效应。[①] 在加快海洋经济发展座谈会上，习近平总书记指出，基础设施是加快发展的重要条件，尤其是一些事关全局的重大基础设施项目，对区域经济的发展具有战略意义。如舟山的大陆连岛工程，洞头的半岛工程，都是"一通百通"的工程，可以迅速改善海岛居民的生产、生活条件，促进海岛经济的发展。[②]

党的十八大以来，以习近平同志为核心的党中央，在促进区域基本公共服务均等化方面形成一系列新举措新机制，在战略高度、内涵深度、覆盖广度上均进一步扩展升级。在战略高度方面，基本公共服务均等化上升为促进全国区域协调发展的基本目标和基本要求。习近平总书记指出，区域协调发展的基本要求是基本公共服务均等化，基础设施通达程度比较均衡。要确保承担安全、生态等战略功能的区域基本公共服务均等化。[③] 在内涵深度上，基本公共均等化不仅体现为交通、通信、水利、电力等基础设施，还更加重视教育、医疗、卫生、文化、养老、医保等领域全面升级。在覆盖广度上，基本公共服务均等化范围向重点生态功能区、农产品主产区、困难地区等进一步覆盖。基本公共服务均等化对缩小区域差距、城乡差距发挥历史性作用，对打赢脱贫攻坚战、城乡融合、建成全面小康社会、促进区域协调发展形成强大基础性支撑。

---

① 习近平.干在实处 走在前列：推进浙江新发展的思考与实践[M].北京：中共中央党校出版社，2006：215.

② 习近平.干在实处 走在前列：推进浙江新发展的思考与实践[M].北京：中共中央党校出版社，2006：220.

③ 习近平.推动形成优势互补高质量发展的区域经济布局[J].求是，2019(24)：6-7.

四、区域对口互助机制

统筹欠发达地区和发达地区协调发展，既需要发挥市场对资源配置、优势互补的决定性作用，也要更好发挥政府的作用。一些特殊困难的欠发达地区，诸如民族地区、边疆地区、革命老区、连片特困地区，贫困程度深、扶贫成本高、脱贫难度大，是脱贫攻坚的短板。加快上述欠发达地区跨越式发展，需要发挥政府的外部协调作用，健全对口支援、对口合作等跨区域对口扶贫协作机制，打通发达地区与欠发达地区合作直接通道。

"山海协作工程"是全国省域内对口支援对口协作的典范。习近平同志任浙江省委书记伊始，即高度重视"山海协作工程"，明确提出要进一步加大结对帮扶和"山海协作"力度，创新扶贫机制，拓宽区域协作和结对帮扶领域。广泛开展互惠互利的区域协作，积极探索跨区域农业产业化经营和下山移民的途径。进一步落实结对帮扶单位的责任，加大结对帮扶力度，各结对单位每年都要落实一定资金，并在劳动就业、产业发展、人才培养等方面广泛开展帮扶活动，支持欠发达地区实现跨越式发展。①

党的十八大以来，以习近平同志为核心的党中央进一步提升区际对口协作机制在促进区域协调发展中的独特地位与战略功能，成为体现中国特色社会主义制度优越性的重要组成部分。习近平总书记指出，东西部扶贫协作和对口支援，是推动区域协调发展、协同发展、共同发展的大战略，是加强区域合作、优化产业布局、拓展对内对外开放新空间的大布局，是实现先富帮后富、最终

---

① 习近平.干在实处 走在前列：推进浙江新发展的思考与实践[M].北京：中共中央党校出版社，2006：215-216.

实现共同富裕目标的大举措。这在世界上只有我们党和国家能够做到,充分彰显了我们的政治优势和制度优势。[①] 对口协作路径向产业合作、劳务协作、教育协作、人才支援、资金支持等方面实现全领域拓宽,对口协作目标从单方受益为主向双方受益深化,对口协作层次向省际结对、城市结对、县县结对以及乡镇、行政村之间结对全面深入,联席推进、结对帮扶、产业带动、互学互助、社会参与的对口支援与区域协作新机制日益完善。

五、区际利益补偿机制

欠发达地区往往具有突出的生态资源优势,同时又承担全局的生态屏障与生态功能。区际利益补偿机制是推进具有生态屏障功能的欠发达地区加快发展的有效途径。浙江自 2000 年起在省内、跨省流域生态补偿领域先行先试,积累了丰富的实践经验。在浙江工作期间,习近平同志高度重视区际利益补偿对欠发达地区的特殊支撑作用。在"山海协作工程"实施过程中,对于处在生态功能区特别是流域源头的欠发达地区,要求始终把保护生态环境放在突出位置,在抓好下山脱贫和劳务输出的同时,大力发展生态经济,并通过健全财政转移支付制度、完善生态补偿机制等方式推进欠发达地区加快发展。

党的十八大以来,以生态利益补偿为重点的区域利益补偿机制进一步向体系化、市场化、制度化方向迭代升级。在体系化方面,流域上下游之间生态补偿、粮食主产区主销区之间利益补偿、资源输出地输入地之间价格补偿等区际利益补偿体系扩展完善,鼓励生态受益地区与生态保护地区、流域下游与流域上游通过资

---

① 习近平.认清形势聚焦精准深化帮扶确保实效 切实做好新形势下东西部扶贫协作工作[N].人民日报,2016-07-22(1).

金补偿、对口协作、产业转移、人才培训、共建园区等方式建立多层次的横向补偿关系。在市场化方面，习近平总书记指出，要全面建立生态补偿制度。要健全区际利益补偿机制，形成受益者付费、保护者得到合理补偿的良性局面。要推广新安江水环境补偿试点经验，鼓励流域上下游之间开展资金、产业、人才等多种补偿。要建立健全市场化、多元化生态补偿机制，在长江流域开展生态产品价值实现机制试点。[①] 目前，京津冀水源涵养区、安徽浙江新安江、广西广东九洲江、福建广东汀江—韩江、江西广东东江、广西广东西江流域等已开展跨地区生态保护补偿试点，推广可复制的经验。在制度化方面，合理确定中央支出占整个财政支出的比重，面向重点生态功能区、农业产品主产区、困难地区的财政转移支付制度进一步完善。

第三节 一以贯之的协调发展旨向

人既是经济社会发展的主体，同时也是经济社会发展的目的。"山海协作工程"的直接目标是缩小区域之间发展差距，最终目的是让百姓过上富裕安康的幸福生活。在新的历史阶段贯彻新时代协调发展理念，推动协调性均衡发展的落脚点是全体人民共同富裕。

一、坚持以人民为中心促进共同富裕

发展不能脱离"人"这个根本。习近平同志在浙江推进"山海协作工程"时已认识到这一问题，指出"必须明确经济发展不是最

---

① 习近平.习近平谈治国理政：第三卷[M].北京：外文出版社，2020：273.

终目的,以人为中心的社会发展才是终极目标",并且进一步指出"原来我们过于强调 GDP,过于强调缩小区域之间人均 GDP 的差距,现在看来,这种观点是有片面性的。必须明确,让百姓过上富裕安康幸福的生活,不断提高人民群众的生活水平和质量,是我们发展的根本目的;让不同区域的城乡居民享有基本同等的生活水平和质量,是我们统筹区域发展的出发点和落脚点"。[①]"山海协作工程"实施以来,浙江省各级党委、政府均将促进共同富裕、实现人民群众根本利益作为义不容辞的政治责任,"山海协作工程"各项举措均围绕整体带动贫困村贫困户发展生产、增加收入展开。通过发达地区与欠发达地区在经济、社会、劳务等方面的全方位协作,增加就业机会,提高收入水平,改善生活条件,使欠发达地区人民真正共享改革发展成果和"山海协作"发展效益。

"山海协作工程"让不同区域的城乡居民享有基本同等的生活水平和质量,这一战略性目标,始终贯穿于党的十八大以来习近平总书记关于全国区域协调发展新理念的目标追求之中。习近平总书记多次强调,"人民对美好生活的向往,就是我们的奋斗目标"[②]。党的十八届五中全会提出"以人民为中心"的发展思想,更加凸显人民在发展中的核心地位。进入新时代,全国区域协调发展面临新情况新问题,推进区域协调发展需要新思路新举措,但保障民生底线、实现基本公共服务均等化始终是基本要求。习近平总书记强调的"决不能让困难地区和困难群众掉队"[③],"决不让一个少数民

① 习近平.干在实处 走在前列:推进浙江新发展的思考与实践[M].北京:中共中央党校出版社,2006:23、203-204.

② 习近平.习近平谈治国理政:第一卷[M].北京:外文出版社,2018:3.

③ 习近平同中央党校县委书记研修班学员座谈[N].人民日报,2015-01-13(1).

族、一个地区掉队"①,"决不能让一个苏区老区掉队"②,就是新时代脱贫攻坚和区域协调发展战略目标的形象诠释。

党的十九届五中全会明确了到 2035 年基本实现社会主义现代化远景目标,其中首次提出"全体人民共同富裕取得更为明显的实质性进展"。面向这一清晰的美好蓝图,我们必须坚持发展为了人民、发展依靠人民、发展成果由人民共享,采取更有力的举措,作出更有效的制度安排,实施更有力的区域协调发展战略,朝着共同富裕方向稳步前进。共同富裕的本质,是增强发展成果的辐射能力和辐射范围,让发展成果更多、更公平、更实在地惠及广大人民群众,特别要补足欠发达地区的民生短板,最大程度提升民生福祉的全面性与全民性。

二、坚持人与自然协调共享绿色福利

促进共同富裕需要可持续发展,需要处理好人与自然、发展与保护的协调。欠发达地区无法也不能复制传统工业化道路,要转化生态资源为生态资产,扩大生态供给,享有绿色福利,带来跨越式发展的历史性窗口和时代路径。

发展观决定发展道路,发展道路决定发展成效。从国内外发展史来看,发达地区走过的是一条传统工业化道路,具有典型的资本驱动型、资源消耗型、生态污染型模式特征,在发展与环境的权衡上,选择的是"先污染、后治理"道路。发达地区走过的道路具有历史必然性。但随着资源、环境、要素约束刚性加强,传统工业化的粗放型发展道路已经难以为继。后发地区、欠发达地区如果继续选择传统工业化道路,不仅事倍功半,并且代价更为巨大。

---

① 总书记的两会声音[N].人民日报,2015-03-15(5).
② 习近平在福建调研[N].人民日报,2014-11-03(1).

习近平同志在浙江推进"山海协作工程",高度重视人与自然关系的协调、发展与保护的统筹。浙西南欠发达地区,本身是浙江省重要生态屏障,自然资源、旅游资源丰富,旅游业、有机农产品享有盛誉。在这种背景下,习近平同志指出,"不能简单地推动欠发达地区去复制发达地区走过的传统工业化道路"①。生态资源优势是欠发达地区发展的潜力所在,决不能以牺牲环境为代价换取一时和局部的经济发展。习近平同志在2004年"山海协作工程"情况汇报会上指出,要"推动欠发达地区以最小的资源环境代价谋求经济、社会最大限度的发展"②。浙江省在"山海协作工程"实践中,大力鼓励生态工业、生态农业、生态旅游业等环境友好型产业,限制资源高消耗、污染物高排放的工业企业向欠发达地区扩散,走出经济价值与生态价值相统一的协作发展新道路。

思路一变天地宽。区域发展的要素资源存在异质性,不同经济发展阶段、不同技术水平、不同产业结构下,资源的功能地位存在变化。在传统工业化视野下,高山、深山、库区等欠发达地区往往缺少矿产资源、物质资本,交通条件落后。但是,发展理念转变、发展阶段演进、科技实力增强,具备资源转换、资源发现、资源开发能力,为后发地区跨越式发展带来历史性窗口。浙江西南部欠发达地区以及海岛地区蕴含丰富山海资源,在浙江工作期间,习近平同志指出,"我们应该看到丰富的山海资源优势,念好'山海经'"③,

① 习近平.干在实处　走在前列:推进浙江新发展的思考与实践[M].北京:中共中央党校出版社,2006:211.

② 习近平.干在实处　走在前列:推进浙江新发展的思考与实践[M].北京:中共中央党校出版社,2006:212.

③ 习近平.干在实处　走在前列:推进浙江新发展的思考与实践[M].北京:中共中央党校出版社,2006:209.

其中就包括山区蕴含的山地、深林、河流、洁净空气等宝贵的生态资源。上述生态资源在生态文明时代,就是极为重要的生态资产。2020年4月,"绿水青山就是金山银山"理念发源地浙江安吉县发布"两山银行"试点实施方案,从全县全域层面建设对生态资源进行收储、整合、交易的平台,开展生态产品交易机制、品牌体系、质量监管和考核机制等方面的创新探索,评估生态财富价值,存入"绿水青山",取出"金山银山"。这对全国欠发达地区通过保护生态资源,形成生态资产转化、生态资产增收的市场化机制具有重大示范性意义。

浙江"山海协作工程"重视生态保护、生态资产、生态价值等理念,成为"绿色青山就是金山银山"的重要内核,随着新阶段绿色发展和生态文明建设进程不断拓展升华。进入新时代,绿色发展成为满足人民日益增长的优美生态环境需要的内在要求。党的十八大以来,以习近平同志为核心的党中央高度重视生态文明建设,提出"广大人民群众热切期盼加快提高生态环境质量。必须把生态文明建设摆在全局工作的突出地位,积极回应人民群众所想、所盼、所急,大力推进生态文明建设"①。习近平总书记在2015年中央扶贫开发工作会议上的讲话指出,"许多贫困地区一说穷,就说穷在了山高沟深偏远。其实,不妨换个角度看,这些地方要想富,恰恰要在山水上做文章。要通过改革创新,让贫困地区的土地、劳动力、资产、自然风光等要素活起来,让资源变资产、资金变股金、农民变股东,让绿水青山变金山银山,带动贫困人口增收"②。

---

① 中共中央宣传部.习近平新时代中国特色社会主义思想学习纲要[M].北京:人民出版社,2019:168.

② 中共中央文献研究室.习近平关于社会主义生态文明建设论述摘编[M].北京:中央文献出版社,2017:30.

"环境就是民生,青山就是美丽,蓝天也是幸福,绿水青山就是金山银山"①,清洁优美的生态环境本身就是一种福利。在浙江工作期间,习近平同志指出,"原来我们过于强调GDP,过于强调缩小区域之间人均GDP的差距,现在看来,这种观点是有片面性的。必须明确,让百姓过上富裕安康幸福的生活,不断提高人民群众的生活水平和质量,是我们发展的根本目的"②。生活水平和质量,既包括收入等经济福利,也包括生产生活环境等绿色福利。生态产品供给也是民生。"良好生态环境是最公平的公共产品,是最普惠的民生福祉"③,应为人民群众提供更多生态公共产品,提高生活质量和幸福指数,让老百姓在分享发展红利的同时,更充分地享受绿色福利。以区域协调、城乡协调、物质文明和精神文明协调、人与自然协调为构成,新时代协调发展体系更加完善。

◆◆ 思考题

1.推动我国区域协调发展辩证法的要点是什么?

2.如何理解绿色跨越发展中的生态经济、生态资产、生态福利?

3.中共中央、国务院发布的《关于建立更加有效的区域协调发展新机制的意见》指出,建立更加有效的区域协调发展新机制的一个主要原则即是坚持市场主导与政府引导相结合,如何协同发挥政府与市场的双重作用?

---

① 习近平.在省部级主要领导干部学习贯彻党的十八届五中全会精神专题研讨班上的讲话[M].北京:人民出版社,2016:19.

② 习近平.干在实处 走在前列:推进浙江新发展的思考与实践[M].北京:中共中央党校出版社,2006:203.

③ 中共中央文献研究室.十八大以来重要文献选编(上)[M].北京:中央文献出版社,2014:629.

◆◆ 拓展阅读

1.《读懂"八八战略"》编写组.读懂"八八战略"[M].杭州:浙江人民出版社,2018.

2.习近平.干在实处 走在前列:推进浙江新发展的思考与实践[M].北京:中共中央党校出版社,2006.

3.习近平.习近平谈治国理政:第一卷[M].北京:外文出版社,2018.

4.习近平.习近平谈治国理政:第二卷[M].北京:外文出版社,2017.

5.习近平.习近平谈治国理政:第三卷[M].北京:外文出版社,2020.

6.《浙江发展》编写组.浙江发展[M].杭州:浙江人民出版社,2016.

7.中共中央宣传部.习近平新时代中国特色社会主义思想学习纲要[M].北京:学习出版社,人民出版社,2019.

8.中共中央宣传部.习近平总书记系列重要讲话读本(2016年版)[M].北京:学习出版社,人民出版社,2016.

后　记

新中国成立以来,我国经济社会发展取得巨大成就。同时,由于我国幅员辽阔,不同地区发展基础各异,区域发展差距长期存在。党中央始终高度重视区域发展不平衡不充分问题。我国的区域发展战略经历区域均衡发展、区域非均衡发展、区域发展总体战略三个阶段的演进之后,进入区域协调发展阶段。党的十八大以来,以习近平同志为核心的党中央贯彻新发展理念,紧密结合我国国情和发展阶段,部署了一系列重大区域发展战略,推动区域协调发展,建设现代化经济体系。

浙江省委、省政府这些年来始终重视落实"山海协作工程"。"山海协作工程"不但促进了"山"的跨越发展,也促进了"海"的优化升级,明显改善了浙江省内区域发展不平衡不充分的情况。由于浙江城乡差距指标、区域发展指标等在全国表现优异、具有良好的发展态势,《中华人民共和国国民经济和社会发展第十四个五年规划和2035年远景目标纲要》提出,支持浙江高质量发展建设共同富裕示范区。在未来,浙江将继续忠实践行"八八战略",打造"山海协作工程"升级版,念好新发展阶段的"山海经"。浙江将以奋力打造"重要窗口"的担当推动共同富裕,争创社会主义现代化先行省,让改革发展成果更多、更公平、更实在地惠及广大人民群众,为全国其他地区探索可复制、可推广的共同富裕的道路。

笔者多年来持续研究我国的区域发展理论、政策和实践,关注区域协调发展问题。"山海协作工程"作为实现浙江全省区域协调发展的重大战略,既关注结对帮扶,更注重互利共赢;既重视政府引导,更推动市场化运转;既强调全面统筹,更鼓励改革创新。这一具有显著中国特色、浙江特征的区域协调发展之路为其他地区提供了宝贵的经验。

本教材的基本构思与章节架构由董雪兵和宋学印提出,浙江大学的区域协调发展研究中心、中国西部发展研究院、经济学院等相关研究力量组成跨学科研究团队。各部分负责人如下:前言和后记为董雪兵,第一章和第七章为宋学印,第二章为董雪兵与潘登,第三章为胡馨月,第四章为董雪兵,第五章为辛越优,第六章为董雪兵与孟顺杰;张慧莹、王路瑶负责整理收集有关资料。各章完成初稿后,由董雪兵负责全书的审阅校对与修改完善。

本教材即将付梓,我们要特别感谢各位专家给予的学术指导,他们对本书提出了许多宝贵的意见和建议,极大地提升了本书的研究质量。最后,要特别感谢学校相关部门的大力支持,感谢浙江大学出版社编辑的辛勤工作!

推动区域协调发展,缩小区域发展差距,实现高质量发展是一个不断探索实践的过程。囿于时间和水平限制,本教材的疏漏在所难免,真诚欢迎广大读者批评指正,希望读者及学界同仁不吝赐教!

董雪兵
2021 年 11 月于浙大紫金港校区

图书在版编目(CIP)数据

山海协作:促进区域协调发展的有效载体 / 董雪兵
主编. — 杭州:浙江大学出版社,2022.5(2024.9重印)
ISBN 978-7-308-22561-8

Ⅰ. ①山… Ⅱ. ①董… Ⅲ. ①区域经济发展－协调发
展－研究－中国 Ⅳ. ①F127

中国版本图书馆 CIP 数据核字(2022)第 069997 号

山海协作:促进区域协调发展的有效载体

董雪兵 主编

宋学印 副主编

出 品 人	褚超孚	
总 编 辑	袁亚春	
策划编辑	黄娟琴	
责任编辑	朱 辉	
责任校对	葛 娟	
封面设计	程 晨	
出版发行	浙江大学出版社	
	(杭州市天目山路 148 号 邮政编码 310007)	
	(网址:http://www.zjupress.com)	
排 版	杭州朝曦图文设计有限公司	
印 刷	浙江新华数码印务有限公司	
开 本	710mm×1000mm 1/16	
印 张	13	
字 数	158 千	
版 印 次	2022 年 5 月第 1 版 2024 年 9 月第 3 次印刷	
书 号	ISBN 978-7-308-22561-8	
定 价	38.00 元	